Peut-on encore croire au progrès ?

La collection *Monde en cours*
est dirigée par Jean Viard

Cet ouvrage a été édité
avec la collaboration de Mathieu Souquière

Le 17 novembre 2022, dans le Grand Amphithéâtre de la Sorbonne, « Les Rencontres d'Entreprises & Médias » rassemblaient dirigeants d'entreprise, économistes, experts académiques, sociologues et philosophes autour d'une question clé: « Peut-on encore croire au progrès ? »

Les propos de ce livre sont tirés de leurs échanges ainsi que des interviews du documentaire *Peut-on encore croire au progrès ?* diffusé ce même jour et réalisé par Elephant At Work en collaboration avec Entreprises & Médias, l'association des directrices et des directeurs de la communication de grandes entreprises.

www.editionsdelaube.com

ISBN 978-2-8159-5528-7

Peut-on encore croire au progrès ?

Nicolas Bouzou
Cynthia Fleury
Étienne Klein
Karine Safa
Claudia Senik
Pierre-Henri Tavoillot
Jean Viard

éditions de l'aube

Progrès : la fin d'une idéologie ?

Jean Viard[1]

Le progrès ? Disons que c'est une vision du monde où le présent devient plus important que le passé et fait espérer en l'avenir. Vision de la vie qui pousse à la création, à l'innovation, à l'éducation, à la natalité. Vision qui a porté nos sociétés depuis deux siècles, depuis la révolution industrielle. Vision qui dit que l'histoire a un sens et que la vie s'améliore de génération en génération. Vision que partageaient nos parents et nos grands-parents de tous les milieux, même s'ils se disputaient le partage des « fruits du progrès ». Bien sûr. Là était le débat, là était le combat. D'où une dynamique des sociétés marquée par l'affrontement de classes sociales renvoyant à l'opposition capital/travail, patrons/ouvriers.

1. Jean Viard est sociologue. Il a publié récemment *La révolution que l'on attendait est arrivée* (2021) et *Un juste regard; se souvenir pour changer le monde* (2023), aux éditions de l'Aube.

La vérité n'est plus alors dans le passé, les anciens, les textes fondateurs. Mais dans la science et les arts, l'innovation, la technique, la découverte…

> *« Le progrès ? Disons que c'est une vision du monde où le présent devient plus important que le passé et fait espérer en l'avenir. »*

Cette idée, qui suivit la rupture radicale de 1789 où la tradition fut rejetée – en France, mais aussi aux USA à la même époque, d'une autre manière –, puis la révolution industrielle anglaise, ouvre à un monde en mouvement sous l'impulsion du développement scientifique, technologique et industriel, en pensant et en désirant pouvoir sans cesse aller plus vite, plus haut, plus loin, vivre plus longtemps… Au xxe siècle, nous avons gagné en France encore plus de deux cent mille heures de vie, passant des cinq cent mille heures du début aux sept cent mille heures de la fin – plus, aujourd'hui. Et neuf ans pour les hommes et six ans pour les femmes depuis 1981… Progrès considérable de l'humain sur sa propre condition.

Mais, problème, cette conception du progrès où l'homme est « comme maître et possesseur de la nature », ainsi que disait Descartes, a eu des conséquences terribles sur la nature. Au xixe siècle les romantiques nous avaient prévenus sans être écoutés. René Dumont encore, lors de l'élection présidentielle de 1974. Mais la France, pays d'ingénieurs, n'entendait pas. Et le monde poursuivait sa course sans limites au développement. Les lanceurs d'alerte se sont alors multipliés, associations, ONG, écologistes. Jusqu'à la COP 21, dont nous fûmes fiers, car elle était… en France. Mais lenteur des actes. Mais comment garder, des progrès, ceux qui améliorent l'humaine condition ou qui limitent sa prédation sur la nature à ce qui lui est supportable, sans pour autant faire du nouveau une valeur en soi, du plus grand, du plus fort, du plus rapide, un éternel positif? Comment marcher à pied, voler moins vite, rouler dans des véhicules plus légers, manger moins de viande, peuvent-ils être des changements culturels désirables pour un monde qui continue à croire à la science, à la technologie, à l'innovation, au travail… et à la folie créatrice de l'humaine condition ?

> *« Comment garder, des progrès, ceux qui améliorent l'humaine condition ou qui limitent sa prédation sur la nature à ce qui lui est supportable, sans pour autant faire du nouveau une valeur en soi, du plus grand, du plus fort, du plus rapide, un éternel positif? »*

La crise sanitaire, de ce point de vue, nous a fait accomplir un saut imaginaire majeur. D'abord en nous montrant que, pangolin ou pas pangolin, la pandémie relevait d'un dérèglement des écosystèmes et que, désormais, santé et environnement auraient partie indissociablement liée. Nous avons (presque) gagné cette bataille contre le Covid-19 en alliant innovation – le vaccin – à des modifications de nos modes de vie : masques, limitation des déplacements, restauration de l'usage des frontières, retour au local, usage massif d'internet pour les relations humaines, le travail, la commande de biens et de services, la culture – le sport, même.

Ensuite, en rassemblant l'humanité dans une même communauté de destin : cinq milliards d'êtres humains au moins ont été confinés chez eux et confrontés au même ennemi, en même temps, partout sur la planète. Et ces cinq milliards d'êtres humains, engagés dans la même bataille, le sachant, connectés en continu par le Net et les médias, ont su faire de cette tragédie une grande victoire de l'humanité sur la mort : d'après les premières études, l'évolution de nos comportements a permis d'épargner deux cents millions à trois cents millions de personnes et, grâce à un vaccin inventé en un temps record, vingt millions à trente millions de personnes en plus. Malgré les délires complotistes, les antivax et les discours farfelus, on a remis la science au milieu de la société et on a tous – ou presque tous – fait preuve de discipline, de civisme et de solidarité à l'égard des plus vulnérables. En un an, on a administré

11,2 milliards de piqûres sur toute la terre. Cela n'était jamais arrivé dans l'histoire de l'humanité. Un siècle tout juste après la terrible grippe espagnole. À la fin, plus de 60 % de la population mondiale est vaccinée, mais beaucoup moins en Afrique, où la moyenne atteint péniblement 20 %. Les batailles actuelles en Afrique contre la France et l'Occident sortent renforcées de cette inégalité inadmissible.

Face à l'idéologie du progrès qui, s'effondrant d'année en année, cédait la place à des quêtes identitaires et aux populismes, avec le covid, un nouveau et immense commun s'est créé, nous confrontant tous à la peur de la mort – la nôtre et celle de nos proches – et de la dislocation de la nature dont nous nous sommes « toujours » nourris. L'accélération du réchauffement climatique et de la destruction de nombreuses espèces a renforcé la prise de conscience planétaire que la prédation humaine sur la nature n'était pas sans limites. Même si elle a permis à l'humanité de prendre en main son propre destin, de démultiplier son espérance de vie et… de marcher sur la Lune ! Alors, la quête d'un incessant progrès qui fut le commun de l'humanité depuis deux siècles et qui s'étiolait trouve là un nouveau commun à partager et à proposer à nos descendants : la guerre climatique. Telle est donc notre nouveau commun, notre nécessité et notre aventure pour le XXIe siècle. Il va falloir en faire un désir pour nous-mêmes, nos enfants et les autres humains.

Sauf que, maintenant, ce ne sont plus les hommes qui vont faire l'histoire, mais l'emballement déréglé d'une nature que nous avons bousculée. Nous devons courir après les conséquences de nos propres actes. Et pour ce faire, bouleverser nos sociétés, modifier nos modes de vie, déplacer nos budgets, transformer nos sources d'énergie et investir dans la recherche, la science et la technologie. Tout cela en même temps. On estime que la France doit consacrer 6 % de son PIB d'ici 2030 à ce combat, 700 milliards, alors que nous ne sommes qu'à 2 %, moitié public, moitié privé. Mais à la condition extrême, qu'analyse fort bien Pierre Veltz[1], que chaque offre d'innovation écologique ne soit pas annihilée par une explosion de la demande qui, au final, augmenterait la pression humaine sur la nature. Voiture électrique oui, mais pas si on roule plus !

> *« Maintenant, ce ne sont plus les hommes qui vont faire l'histoire, mais l'emballement déréglé d'une nature que nous avons bousculée. »*

Chacun, et le monde ensemble, est renvoyé, une fois le virus maîtrisé, comme après un cancer vaincu, à cette question existentielle :

1. Pierre Veltz, *Bifurcations*, La Tour-d'Aigues, l'Aube, 2022

que faire du temps qu'il nous/me reste ? Recommencer comme avant, avec les mêmes amours, les mêmes lieux, le même travail, les mêmes engagements ?... Est-ce que je reste avec la même femme ou le même mari, dans la même ville, avec le même métier, le même cartable, ou est-ce le moment pour moi de faire autre chose, autrement, avec d'autres personnes ? Réaliser ces rêves qui me taraudent depuis longtemps, réévaluer ma vie à l'aune du confinement ? Partout, la réponse est changement et rupture. Quarante-huit millions d'Américains – sur cent cinquante millions – ont quitté leur travail. Dix pour cent des habitants de Wuhan ont divorcé. En France, un million de couples se sont séparés, deux voire trois millions de personnes ont changé de travail, de lieu d'habitation, délaissant souvent les grandes métropoles, surtout l'Île-de-France (64 % des Franciliens en rêvent). Précisément au moment où la Nature prend sa revanche sur l'Homme et où chacun rêve d'y habiter. Le covid a fonctionné comme un accélérateur de tendances remettant en cause nos choix, bouleversant le travail et les territoires. Partout, la qualité de vie, y compris au travail, devient une force dominante.

> *« Partout, la réponse est changement et rupture. »*

Le confinement, que personne n'aurait cru pensable quelques semaines seulement avant qu'il ne nous soit imposé, aura consisté à mettre l'économie mondiale sur pause, à placer la vie avant l'économie, à prouver que l'art de vivre est plus important que l'art de produire. D'ailleurs, la qualité de vie au travail est devenue une préoccupation centrale depuis déjà un certain temps. C'est ce qui fait que tant d'entre nous quittent leur entreprise s'ils ne s'y sentent pas assez bien, créent la leur pour disposer de davantage de liberté, désertent la ville puisque le télétravail le permet désormais. C'est une révolution profonde pour le monde du travail, organisationnelle et culturelle. Seulement un quart des gens qui sont partis des grandes villes sont en télétravail. Des centaines de milliers d'autres ont créé leur entreprise, librairie, ébénisterie, services divers – dont numériques –, petits commerces de proximité, tiers-lieux…, mais d'abord la liberté et l'autonomie ! Un jardin, moins de bruit, un chien… Cela achève la culture fordiste, l'organisation répétitive et l'ordre hiérarchique. Grâce au numérique, l'horizontalité s'invite dans le monde du travail, jusqu'alors régi par une verticalité anachronique. Même le conformisme vestimentaire a reculé puisqu'on peut aujourd'hui être habillé de la même façon les jours de travail et le week-end. Le costume cravate n'est plus porté que par les financiers et les politiques. Ces bouleversements accélérés par la pandémie nous ont démontré que nous pouvions changer de mode de vie, de lieu, de travail, d'objectifs, rapidement. Utile leçon, même si nous ne voulons pas être enfermés pendant trente ans !

Tout cela a été rendu possible par la place prise par le numérique, devenu le lien premier entre les hommes. S'il nous isole parfois, il nous relie surtout les uns aux autres. C'est une rupture essentielle, car jusqu'alors, depuis la Deuxième Guerre mondiale en tout cas, le lien entre les hommes, c'était le pétrole, au cœur du système productif et de notre organisation collective. Maintenant, ce que le monde a en partage, c'est Zoom, Skype, les mails et les smartphones. Grâce à tous ces outils, ce n'est pas seulement le télétravail qui a été possible pendant la pandémie, c'est aussi l'école à distance, le sport ou la culture en ligne, la télémédecine, ainsi que la cohésion familiale, avec des liens maintenus entre les générations pendant ces semaines d'enfermement et d'éloignement. Il y a aujourd'hui moins de monde dans les cinémas et les théâtres, et même si on a raison de s'en inquiéter, il faut aussi se réjouir de voir le numérique faire entrer la culture chez les gens, devenus consommateurs de séries, de films, de documentaires et de musique, de débats d'idée, chez eux et au quotidien. Dans un pays où 60 % de la population habitent dans des maisons avec jardin, à l'extérieur des métropoles, la culture ne peut pas se penser uniquement au centre des villes dans des lieux physiques.

Le numérique permet ainsi d'investir ou de réinvestir de nouveaux espaces. L'objectif n'est plus la modernité, mais l'esprit des lieux, considérés comme authentiques, combiné à la technologie numérique. Ainsi se développe un modèle de néo-urbains qui peuvent conjuguer les avantages de la vie à la campagne avec certains attraits de la vie urbaine, importés à la maison grâce au numérique et aux livraisons d'Amazon ou d'autres. Nous sommes devenus des urbains numériques, si possible avec des fenêtres donnant sur la campagne ou la nature – ou le patrimoine architectural. Un nouveau modèle se met ainsi en place après celui de la France pavillonnaire articulée autour de ses soixante-trois mille ronds-points – alors que l'Allemagne n'en compte que cinq mille – et de ses interminables zones commerciales qui ont tant défiguré les abords des villes. On avait conçu le progrès sans la nature, et même contre cette dernière ; il faut désormais le repenser avec celle-ci, comme un moment d'une société en guerre climatique.

« On avait conçu le progrès sans la nature, et même contre cette dernière ; il faut désormais le repenser avec celle-ci, comme un moment d'une société en guerre climatique. »

Enfin, peut-être même nous fera-t-elle progresser, de façon inattendue, sur un autre sujet : a-t-on bien en tête que l'ARN messager a été découvert par deux immigrés turcs réfugiés en Allemagne ? Découverte décisive pour peut-être soigner, demain, le cancer ou le sida. Ce qui rappelle l'apport de l'immigration, y compris aux pays développés. C'est dire si l'on progresse par l'ouverture, le mouvement et la rencontre, là où, au contraire, les sociétés fermées sont bien davantage exposées au risque de régression par la passion pour un passé souvent mythifié – pensons à l'Afghanistan, à l'Iran, à la Russie… Le passé n'est pas l'avenir du monde. Faut-il voir comme une alerte le fait que la France, qui succombe de plus en plus à la tentation de la fermeture, est le seul pays membre du Conseil de sécurité de l'ONU à ne pas avoir su inventer un vaccin dans des délais raisonnables ? Nous avons besoin de « cerveaux rares », d'où qu'ils viennent, en leur promettant éducation, liberté, démocratie, respect et une Europe écologique. Les Américains du Nord l'ont compris depuis longtemps.

| *« Le passé n'est pas l'avenir du monde. »*

Les migrations sont ainsi synonymes de mouvement dans la société, d'une mobilité géographique et culturelle qui permet une mobilité sociale et culturelle. Souvenons-nous que l'homme a, jusqu'aux années 1950 en

France, inscrit son existence dans un rayon de cinq kilomètres autour de chez lui alors que nous en accomplissons en moyenne soixante par jour aujourd'hui, et même quatre-vingts aux États-Unis. Nous avions donc pensé notre liberté comme une possibilité de s'éloigner, de nous affranchir de la proximité – et de l'entre-soi dont elle est synonyme –, et nous sommes en train de redécouvrir les joies et les vertus du « local ». Mais attention, cette proximité réhabilitée doit demeurer une proximité ouverte – ce que permet justement le numérique –, et non devenir une proximité fermée, excluante de tout ce qui se situe à l'extérieur, au loin. La proximité fermée, c'est, si j'ose dire, Poutine et le retour d'un hypernationalisme.

Les recherches de nouveaux modes de vie ne sont que les traces matérielles et individuelles d'un nouveau commun dorénavant partagé : un humain dans la nature, membre à part entière du monde animal, et lancé dans l'héroïque combat de restaurer les équilibres naturels abîmés. Elles renvoient aux corons et aux logements ouvriers autour des immenses usines du monde d'hier qui hébergeaient les enfants des campagnes cherchant la société du progrès et de la liberté en ville. « La ville rend libre », disait Georges Duby. Nous, nous restons des urbains, mais renaturés, légèrement culpabilisés, aussi, comme on peut l'être quand on pense à la période coloniale. La grande pandémie fut ainsi une tragédie créatrice qui augmente nos chances de gagner la bataille climatique et écologique. Car nous sommes massivement entrés dans ce combat.

Ce faisant, des progrès restent indispensables pour surmonter les deux peurs – dont la première, contrairement à la seconde, fantasmatique, constitue bien une menace – qui nous taraudent aujourd'hui : le « grand effondrement », lié à la crise climatique, et le « grand remplacement », lié à une prétendue invasion migratoire. Mais pour surmonter ces peurs, ne cassons pas systématiquement ce qui est joyeux, ce qui nous donne du plaisir et du rêve. On dénonce en permanence la pollution née de l'industrie du divertissement, du sport ou du tourisme, mais disons-le : les vacances, c'est génial, la Coupe du monde de foot, c'est génial. Cela aurait été encore plus génial ailleurs qu'au Qatar, mais ne boudons pas ces temps de rêverie et d'émotions collectives. Ne nous trompons pas de bataille si nous voulons gagner la guerre climatique. Immense défi pour la démocratie, qui va devoir faire la démonstration qu'elle est assez agile, assez rapide et efficace pour encadrer ce changement de modèle. Car notre culture serait bel et bien morte si nous ne parvenions pas à sauvegarder ces deux biens communs essentiels que sont la planète et la démocratie. Le risque est le repli sur un passé même très ancien, l'obsession d'un mode de vie dépassé en réaction apeurée à un avenir dangereux et potentiellement mortel. Comme la grande pandémie nous l'a montré, c'est l'alliance de l'innovation et du repli qui permet de gagner les batailles de notre époque, celle du virus comme celle du réchauffement climatique. Mais nous avons changé de commun, nous sommes en position de défense, ne nous trompons pas d'époque. L'alliance du numérique et de l'écologie est notre avenir pour cette bataille-là.

« La ligne de fracture entre ceux qui pensent que c'était mieux avant et ceux qui sont convaincus du contraire imprègne encore tous nos débats d'aujourd'hui. »

Pierre-Henri Tavoillot[1]

Parlons du progrès et du moment où cette notion est apparue.

Rappelons d'abord que le progrès n'a rien d'une évidence. Certaines sociétés ont au contraire été des sociétés « anti-progrès ». Ainsi en va-t-il des sociétés traditionnelles aux yeux desquelles le passé est la source du sens. Pour ces dernières, l'innovation est un péché capital, l'héritage et l'imitation étant bien davantage valorisés. L'humanité a vécu sous ce régime des sociétés traditionnelles pendant la majeure partie de son histoire, ne voyant

1. Pierre-Henri Tavoillot est philosophe. Il a publié récemment *La Morale de cette histoire; guide éthique pour temps incertains*, Paris, Michel Lafon, 2020.

émerger l'idée de progrès que fort récemment : demain sera mieux qu'hier.

Le progrès, c'est cela : demain sera différent et demain sera mieux ?

Oui, avec une figure centrale de l'inventeur. Longtemps considéré comme celui qui va troubler l'ordre public, il devient celui grâce auquel la société connaît justement des changements positifs. L'humanité a pendant longtemps dépensé énormément d'énergie à bloquer l'innovation, considérant qu'elle était source de désordre. La rupture et l'avènement de l'idée de progrès correspondent au passage d'une histoire cyclique, pensée comme un perpétuel recommencement, à une histoire linéaire. Les religions, en inventant le salut comme horizon, ont ainsi eu leur importance.

Mais le progrès s'est beaucoup pensé et construit contre la religion, justement ?

C'est vrai, car l'histoire du progrès est en réalité complexe. L'idéal de salut a joué, par exemple dans l'idée d'un Nouveau Testament ou de l'islam comme « sceau de la prophétie », mais la critique des religions, de leurs dogmes et de leurs superstitions, au nom du progrès, a également joué un rôle décisif dans la consolidation du concept de progrès. Ainsi une autre religion, celle de la raison, des sciences et des techniques, a émergé, en opposition avec celles qui précédaient. La raison en lieu et place de la superstition, comme promesse de liberté et, même, de bonheur. C'est ainsi que les Lumières ont façonné l'idée de progrès.

> ***« L'humanité a pendant longtemps dépensé énormément d'énergie à bloquer l'innovation, considérant qu'elle était source de désordre. La rupture et l'avènement de l'idée de progrès correspondent au passage d'une histoire cyclique, pensée comme un perpétuel recommencement, à une histoire linéaire. »***

Donc les germes apparaissent avec la Renaissance, et la véritable éclosion du progrès est l'œuvre des Lumières ?

En effet, la notion de progrès est indissociable des Lumières, portées par la conviction que la condition humaine va pouvoir s'améliorer. Le salut n'est plus céleste, il devient terrestre, l'homme devenant un acteur de ce progrès. Ce dernier ne tombe plus du ciel, c'est l'humanité, sur ses ressources propres, qui œuvre à l'amélioration de sa condition. Avec une double acception du progrès, à la fois scientifique et politique. On touche là à l'idée révolutionnaire d'une césure entre un Ancien Régime fait d'obscurantisme et de contraintes et un nouveau régime synonyme de liberté et de bonheur. « Le bonheur, une idée neuve en Europe », disait Saint-Just. Sur le plan économique, c'est très intéressant également parce que, paradoxalement, l'idée de révolution est partagée par le marxisme et par le capitalisme. Car ce dernier a besoin d'innovation permanente, il vante le progrès parce qu'il vit du progrès, qu'il thésaurise sur le progrès. Il transforme nos besoins en désirs et nos désirs en besoins. Nos besoins vitaux se raffinent et nos rêves (l'iPhone !) se transforment en exigence indispensable. Le capitalisme, comme l'a bien montré Marx, révolutionne en permanence nos modes de vie, nos modes de production, en même temps que nos modes de consommation.

Toujours une nouvelle promesse…

Toujours une nouvelle promesse, dans une logique purement addictive. Il faut ainsi constamment augmenter les doses et rapprocher les prises. C'est la promesse de la société de consommation : le bonheur lié à l'achat d'un nouveau produit.

Le progrès, est-ce une aspiration ?

Le progrès, c'est un désir et ça peut devenir une certitude. Un désir parce que nous avons tous l'envie de progresser, d'être un peu « meilleurs », idée que l'on projette aussi sur nos enfants, qu'on veut voir grandir et

« progresser », comme l'on dit. Ce désir de « grandir » et de s'améliorer est profondément ancré au cœur de l'humanité. Mais c'est une idée aussi, qui donne à l'histoire un sens, celui d'une amélioration perpétuelle, comme le pensait Montaigne, qui est d'ailleurs le premier, avec Rabelais, à utiliser le terme de progrès pour désigner cette transformation graduelle vers le mieux. Basculant ainsi du désir à la certitude, se forge une nouvelle philosophie de l'histoire, qu'on peut qualifier de progressiste.

> ***« Nous avons tous l'envie de progresser, d'être un peu "meilleurs", idée que l'on projette aussi sur nos enfants, qu'on veut voir grandir et "progresser" ».***

Et votre définition à vous du progrès, en tant que philosophe du XXIe siècle ?

Ma définition est assez proche de celle de Rousseau, qui est le premier à parler de « perfectibilité », concept très profond qu'il mobilise pour distinguer l'homme de l'animal. Là où celui-ci est programmé par ses instincts et donc « bloqué », celui-là a au contraire la capacité à se perfectionner. Cette conception est toutefois porteuse d'une réelle menace, car l'homme, pour se libérer de ses instincts, doit précisément rompre avec eux, prenant ainsi le risque de dégénérer. En se libérant de ses instincts, l'homme s'ouvre la possibilité de progresser, mais aussi de décliner. Et l'histoire humaine nous offre tout à la fois l'exemple de très grands progrès et de terribles régressions. L'homme est ainsi conduit à faire le meilleur ou le pire usage de cette liberté acquise.

> ***« En se libérant de ses instincts, l'homme s'ouvre la possibilité de progresser, mais aussi de décliner. »***

Le progrès peut paradoxalement conduire aux pires atrocités ?

Il y a en effet ce que l'on appelle la dialectique du progrès, c'est-à-dire le moment où il se mue en son contraire. On a le sentiment que les sciences, c'est formidable, que la vie moderne, c'est formidable, et puis, à un moment donné, les choses nous échappent, déraillent, et à l'illusion du progrès succède sa désillusion, comme l'exprimait Raymond Aron. C'est toute la profondeur du mythe de Frankenstein, corrélatif à la Révolution française, qui illustre l'idée du progrès enfantant des monstres qui échappent à leur créateur. Ce que la Révolution française a représenté, en particulier aux yeux des Anglais à l'époque où Mary Shelley écrit son livre. Une volonté de faire table rase, de repartir à zéro qui vire progressivement à la catastrophe. Napoléon, pour un regard anglais, est un des monstres enfantés par la Révolution française. Un siècle plus tard, la Première Guerre mondiale incarnera parfaitement cette dialectique du progrès, alors que le progrès technique conduit à la plus effroyable boucherie de l'histoire. Une expérience traumatisante pour ces millions d'hommes partis la fleur au fusil pour combattre quelques semaines et revenus quatre ans plus tard (pour les plus chanceux) en ayant totalement perdu le sens du conflit auquel ils avaient pris part. Traumatisme lié au profond sentiment de gâchis et d'absurdité. La critique du progrès se renforce alors, encore amplifiée par la façon dont les régimes totalitaires, avec des dispositifs bureaucratiques monstrueux, produiront des millions de morts.

Le paroxysme, ce n'est pas Hiroshima et Nagasaki ?

Le paroxysme de ce moment-là, ce sont d'abord les camps de concentration, inventés par une société ultra-cultivée, ultra-civilisée, la société allemande. Mais également la bombe atomique, symbolique d'une humanité qui a désormais les moyens techniques, dans une sorte de dérive divine, de s'autodétruire et de déclencher l'apocalypse. Dès lors que l'humain se trouve en situation, inédite dans l'histoire, de pouvoir procéder à la destruction intégrale de tout ce qui l'entoure, de la nature dans son ensemble, il y a sur le plan de l'éthique quelque chose de radicalement nouveau. C'est la thèse du philosophe Hans Jonas.

Peut-on parler d'une fuite en avant du progrès ?

Oui, un peu comme quand on disait, en mai 68 : « Cours, camarade, le vieux monde est derrière toi, ne te fais pas rattraper ». C'est l'idée que tout est bien dans le meilleur des mondes, illustrée bien auparavant dans le *Candide* de Voltaire avec le mot « optimisme ». Un terme inventé pour faire écho à l'idée que Dieu n'a pas pu faire le maximum – sans quoi le monde serait aussi parfait que son Créateur –, mais s'est contenté d'un « optimum », c'est-à-dire du meilleur des mondes « possibles ». Ainsi les maux qui nous frappent sont-ils nécessaires à notre perfectibilité. Le mot « pessimisme » sera inventé quelques années plus tard, donnant naissance à la querelle – dans laquelle nous sommes encore aujourd'hui – entre les pessimistes et les optimistes. Cette ligne de fracture entre ceux qui pensent que c'était mieux avant et ceux qui sont convaincus du contraire imprègne encore tous nos débats d'aujourd'hui.

Ce sont les racines de l'opposition entre progressistes et déclinistes ?

Entre les tenants de l'idéologie progressiste et les tenants d'une idéologie réactionnaire. C'est une autre facette de la querelle, éternelle, entre les Anciens et les Modernes, qui rappelle que l'idée de progrès, comme toutes les autres, a toujours fait débat.

> *« Cette ligne de fracture entre ceux qui pensent que c'était mieux avant et ceux qui sont convaincus du contraire imprègne encore tous nos débats d'aujourd'hui. »*

Qu'est-ce qui, en la matière, est nouveau aujourd'hui ?

Le fait que l'humanité dispose de nouveaux pouvoirs, potentiellement incontrôlables. Sur la nature d'abord, donc, que l'on peut détruire. Nouveau pouvoir également sur le vivant, le vivant humain, avec toutes les questions que, face à cela, soulève la bioéthique, en particulier dans les débats sur la fin de vie ou sur le clonage, qui prolongent ceux qui ont existé – et existent parfois encore – sur l'avortement. Et, troisième pouvoir, sur l'esprit et le cerveau, avec l'intelligence artificielle. C'est la fameuse phrase de Hawkins : « L'intelligence artificielle est la plus grande invention de l'humanité, probablement la dernière ». Progrès gigantesque et inquiétude tout aussi gigantesque.

S'agissant de la nature, il faut donc renoncer à l'idée cartésienne de prendre possession de cette dernière ?

L'objectif premier n'est plus la possession, mais la protection, ce qui, soit dit en passant, est une autre manière d'en être le maître. La question est de savoir pour qui : l'humain ? C'est ce qu'on appelle l'environnementalisme, non pas pour protéger la nature pour elle-même mais pour, en dernier ressort, protéger l'humain. Cela nécessite d'en conserver la maîtrise d'une façon ou d'une autre. Mais on peut aussi considérer que la nature n'est pas seulement l'environnement humain mais celui de tous les animaux : la protection de l'environnement devient alors la protection du vivant dans son ensemble. On élargit ainsi le spectre de l'humanité aux animaux, auxquels sont conférés des droits spécifiques. Avec de vraies questions : l'éponge est un animal ; doit-on considérer que les droits de l'éponge ou de l'huître sont aussi importants que les droits du chat ou du loup ? Troisième façon d'appréhender la nature : pour elle-même, comme une déesse, une puissance sacrée à protéger en tant que telle, l'humanité en étant une sorte de parasite. Une hypothèse « Gaïa centriste », la nature étant la valeur de toute chose. Mais ce sont encore et toujours des humains qui, en réalité, défendent cette thèse, qui ne se veut pas anthropocentrée, mais le demeure *de facto*. Il y a donc trois possibles dans l'écologie contemporaine.

Après l'été que l'on vient de passer, fait de canicules et catastrophes en tout genre, les questionnements et remises en cause du progrès devraient-ils s'amplifier ?

Cela joue forcément, mais je pense qu'à l'aune de l'humanité, la rapidité avec laquelle la préoccupation environnementale a émergé est véritablement impressionnante, tant elle bouscule nos schémas mentaux et sensoriels. Certes, il faut désormais passer des mentalités à la pratique, mais le changement est spectaculaire. On critique beaucoup les démocraties, soumises à l'urgence du temps court et de l'immédiateté et incapables de prendre en compte le temps long. C'est pourtant ce que nous avons justement commencé à faire, pour la première fois, avec l'écologie. Il faut donc avoir conscience de la gravité du moment sans céder à l'urgence, toujours mauvaise conseillère. Plus on sonne l'urgence, plus il faut se montrer prudent et réfléchi.

> ***« La rapidité avec laquelle la préoccupation environnementale a émergé est véritablement impressionnante, tant elle bouscule nos schémas mentaux et sensoriels. »***

Pierre-Henri Tavoillot

Faut-il réinterroger le lien nature-progrès ?

Il faut en la matière être très prudent, car ce qui caractérise l'être humain, c'est d'être en dehors de la nature et, d'une certaine façon, contre la nature. Si l'on regarde ce qui nous entoure, rien n'est naturel. Pas même la nature, que nous avons transformée à notre goût. Même nos forêts ne sont pas naturelles, elles ont été plantées ou aménagées par l'homme pour lui être accueillantes. Quand vous faites l'expérience de traverser une forêt « naturelle » dans certaines contrées lointaines, vous ne trouvez cela ni très agréable – tout y est enchevêtré – ni même très joli. Dans la pensée antique, l'homme est dans la nature ; dans la pensée chrétienne, Dieu confie la Création à l'homme mais il le fait, si possible, pour en faire bon usage. Donc, comme dit Descartes, l'homme peut être maître et possesseur de la nature, sans que cela constitue un risque pour cette dernière, bien au contraire : quand on possède une maison, on tente rarement de la saccager, on l'entretient plutôt, on en prend soin et on veille à la préserver. L'idée de « management » de la nature – le mot est anglais mais son origine est française –, c'est-à-dire de la ménager en même temps qu'y faire le ménage, n'est donc pas une idée aussi nocive qu'on pourrait le penser.

Ménager la nature, ce n'est pas vraiment ce qu'on a fait…

Oui et non. La nature, ce sont aussi les épidémies qu'on sait vaincre, les catastrophes qu'on sait éviter. Auparavant, la nature était la menace et la science la solution; on est tenté aujourd'hui de voir la science comme la menace, et la nature comme la solution, ce qui me semble tout à fait illusoire. La nature, ce n'est pas que du bien, et la science que du mal. Un écosystème, pour que ça existe, il faut que les gros poissons mangent les petits, c'est ultraviolent et c'est précisément le contraire de ce que nous essayons de faire au sein de la communauté humaine. Je ne suis donc personnellement pas favorable à ce que la société soit un « écosystème » dans lequel, au nom de l'harmonie, les petits devraient être mangés par les gros.

> ***« Auparavant, la nature était la menace, et la science la solution ; on est tenté aujourd'hui de voir la science comme la menace et la nature comme la solution. »***

Vous avez parlé des superpouvoirs de l'homme sur la nature, sur le vivant; est-ce que tout cela nourrit la désillusion du progrès ou peut susciter au contraire quelque espoir ?

Pour reprendre le titre de Raymond Aron, *La Désillusion du progrès*[1], la critique du progrès est en elle-même un progrès. Un nouveau médicament, c'est formidable. Mais on se pose toujours la question de ses effets secondaires. Cette prudence, ce regard critique est évidemment positif. Même les questions nées autour du vaccin contre le covid sont en réalité saines, au moins quand elles témoignent d'une quête de la vérité et non pas seulement de l'enfermement dans une croyance. Il faut croire au progrès sans illusion, avec un enthousiasme maîtrisé. Il faut se fier à la science, mais avec des précautions. Avec maturité, en somme. Ne pas succomber à l'euphorie et donc à la folie du progrès, sans renier celui-ci pour autant.

Néanmoins, pour se projeter dans l'avenir, n'a-t-on pas besoin de cette idée ?

C'est évidemment indispensable. Il nous faut cet horizon, c'est-à-dire quelque chose qui s'éloigne à mesure qu'on s'en rapproche, mais qui nous guide et nous fait avancer. S'en approcher même si on sait qu'on ne l'atteindra jamais, comme l'idéal de liberté, d'égalité et de fraternité en République. Entre le pessimisme de la raison et l'optimisme de la volonté, c'est bien le second qui crée les conditions de

1. Raymond Aron, *La désillusion du progrès*, Paris, Calmann-Lévy, 1969.

l'action. Pourquoi agir si je n'ai pas le sentiment que j'améliore les choses ?

Mais comment rester optimiste en se projetant dans un monde potentiellement déshumanisé car de plus en plus dirigé par des machines ?

La seule question à se poser, c'est : est-ce que l'homme est dépassé ? Est-ce que l'homme va devenir obsolète ? La promesse de la démocratie, c'est que l'homme va maîtriser son destin. Or le sentiment qui prime aujourd'hui, c'est précisément qu'on ne maîtrise plus grand-chose, qu'on est dans un système en pilotage automatique où la capacité d'action est limitée. C'est à mon sens le premier ressort de la colère de nos jours. Ce sentiment d'impuissance, c'est la principale plaie, actuellement, de nos sociétés démocratiques.

Peut-on encore défendre le progrès en affirmant que la technologie va nous sauver des crises à venir, en particulier de la crise climatique ?

Il faut évidemment se méfier du solutionnisme scientifique et technique. C'est le vieil adage : la science trouve toujours les réponses aux problèmes qu'elle pose. Cela marche plutôt, mais pas toujours, ce qui pousse à être prudent. On sait aujourd'hui, avec une petite manipulation génétique, faire pousser des ailes à un bébé, mais ce n'est pas parce qu'on sait le faire qu'on peut le faire, qu'on doit le faire.

On a pensé un temps que la technologie allait sauver la démocratie, que grâce à internet la démocratie directe allait triompher, que nous allions devenir un forum à quarante millions, à pouvoir débattre de tout, tout le temps. Les réseaux sociaux, les trolls, les hackers, nous prouvent qu'il s'agit là d'une illusion, l'illusion du solutionnisme technologique.

> ***« Ce sentiment d'impuissance, c'est la principale plaie, actuellement, de nos sociétés démocratiques. »***

Quel est le rôle du politique dans cette réhabilitation du progrès ?

L'essence de la politique, c'est de nous « vendre » du futur. « Désir d'avenir », le slogan de Ségolène Royal en 2007, l'illustrait parfaitement. L'aiguillon aujourd'hui est moins de défendre la nation que de préparer l'avenir de nos enfants, pour qu'il soit sans trop de conflits, sans trop de dettes et avec un environnement préservé. La politique peut donc se réenchanter par notre capacité à retrouver le désir de bâtir le monde de demain, un monde différent, un monde meilleur pour nos enfants. Mais sans projeter nos propres désirs sur les générations futures, comme des parents abusifs et tout-puissants prétendant savoir, à leur place, ce qui est bon pour elles.

Quelle différence de perception entre progrès individuel et collectif ?

Il me semble que ces dimensions individuelle et collective sont désormais intimement liées, avec, dans notre démocratie, un moindre écart entre le public et le privé qu'autrefois. Est-ce que collectivement nous laissons le bon niveau de dettes à nos enfants ? Une planète en bon état ? Un ordre géopolitique stable ? Un système de retraite viable ? Nous pensons aussi la politique non pas de façon théorique, mais à partir de ce qui nous touche le plus, nos enfants.

Il y a aujourd'hui trois visions du progrès : la restauration face à la décadence, type Zemmour ; l'adaptation de l'individu, coûte que coûte, à un nouveau monde ; une vision plus individualiste où, si cela va pour moi, cela va bien tout court. Comment créer du commun entre tout cela, autour d'une même idée de progrès ?

Voulons-nous encore vivre ensemble ? C'est ça le point. Face à l'idéologie de la décadence, du c'était mieux avant et face à l'idéologie du progrès – qui passe par de plus en plus de droits individuels et de moins en moins de sens collectif –, il y a sans doute une troisième voie, dont je mesure qu'elle n'a pas la radicalité exaltante des deux autres, mais qui me semble beaucoup plus raisonnable : elle mêle un peu de conservatisme et un peu de progressisme, entre ce que nous voulons garder du passé – les bonnes manières, par exemple – et ce que nous estimons bénéfique d'avoir combattu, comme l'homophobie et le racisme. Une dose de conservatisme et une dose de réformisme, pas sûr que cela fasse un programme politique, mais c'est un entre-deux dans lequel beaucoup se reconnaissent.

> ***« Une dose de conservatisme et une dose de réformisme, pas sûr que cela fasse un programme politique, mais c'est un entre-deux dans lequel beaucoup se reconnaissent. »***

En quelque sorte, le monde va de mieux en mieux et de pire en pire, si l'on met en pendant les progrès collectifs et le ressenti individuel.

Se sentir mal dans une France qui va bien, c'est le titre de l'un des derniers ouvrages d'Hervé Le Bras[1]. La formule, suggérée par son éditeur, Jean Viard, me semble parfaitement juste. Objectivement, si l'on regarde la situation, qu'on compare la France d'aujourd'hui à celle d'hier ou la France aux autres pays, on ne peut pas se plaindre. Notre situation est

1. Hervé Le Bras, *Se sentir mal dans une France qui va bien*, La Tour-d'Aigues, l'Aube, 2019

très favorable et, en même temps, on ne va pas bien. Entre ce qui nous pèse aujourd'hui et ce qui nous angoisse demain, nous n'arrivons à bien vivre dans aucune temporalité. C'est très fatigant et même épuisant. Il faudrait parvenir à être plus lucide sur notre passé, plus nuancé s'agissant du présent et moins sombre à propos de l'avenir.

Il faut un nouveau récit du progrès ?

Un nouveau récit où le passé n'est pas un boulet, où le présent n'est pas une tragédie, où l'avenir n'est pas une catastrophe. Mais les politiques jouent cyniquement sur les peurs et les médias leur emboîtent le pas pour faire vendre. La démocratie est pourtant le meilleur des régimes pour incarner un espoir et la promesse de pouvoir « grandir » ensemble. C'est d'ailleurs mon objection principale à l'endroit du discours de la décroissance : économiquement, je le trouve douteux ; mais sur le plan philosophique, la décroissance, cela veut dire qu'on arrête de « grandir », ce qui est antinomique avec la démocratie.

Mais à quelle échéance doit-on se donner un horizon pour qu'il soit compréhensible et mobilisable ?

L'objectif, c'est les enfants. C'est un objectif efficace, un laps de temps raisonnable, un horizon qui, en prime, a un visage. Le monde de nos enfants, c'est celui dans lequel ils élèveront leurs propres enfants, c'est donc très concret. Réenchanter la politique peut passer par l'idée de cette génération future pour laquelle nous mobiliser aujourd'hui.

> ***« Sur le plan philosophique, la décroissance, cela veut dire qu'on arrête de "grandir", ce qui est antinomique avec la démocratie. »***

Quel est le rôle des entreprises là-dedans ?

Question délicate. Le but d'une entreprise, c'est de faire du profit. La responsabilité sociale et environnementale, c'est intéressant, mais ça ne peut être que secondaire. Les entreprises réfléchissent aujourd'hui beaucoup à ce qui fonde leur raison d'être. C'est assez incroyable et c'est un peu vertigineux : je serais d'ailleurs personnellement infoutu de répondre à cette question pour moi-même. Je vois ce qui me motive, ce qui m'intéresse, mais ma raison d'être, je ne la connais pas. Le risque, d'ailleurs, c'est de produire de la langue de bois. Demandez à une entreprise d'armement de définir sa raison d'être : gagner des guerres et tuer des gens. C'est inaudible et c'est pourtant indispensable, tant nous avons besoin d'une industrie d'armement. Il faut donc avoir un discours de vérité dans le monde de l'entreprise et ne pas nier qu'elle se nourrit de croissance et de profit. Je me sens très proche de Comte-Sponville quand il dit que le capitalisme est amoral. Il n'y a pas d'éthique dans le business.

Les entreprises parlent davantage d'innovation que de progrès. Les confondent-elles ?

Innovation et progrès, c'est comme abaissement et décadence. La décadence d'un pays, c'est très difficile à démontrer et cela contient une dimension morale. Alors que l'abaissement du PIB, on sait le mesurer. L'image de la décadence, c'est la France de 1940 : un effondrement moral. Pour le progrès, c'est pareil, alors que l'innovation, on sait l'évaluer. Toute innovation n'est pas un progrès, mais le progrès ne saurait se passer d'innovation.

La critique du progrès est-elle une critique du capitalisme ? Les entreprises ne sont-elles pas du côté du progrès lorsqu'elles cherchent à améliorer le bien-être humain ?

La question du bien-être humain est celle du progrès par excellence. Elle touche à la question du bonheur, qui est sans doute la plus difficile à définir. Est-ce que le progrès du bonheur tient à la seule absence de malheur ? Peut-on se sentir heureux du simple fait de ne pas se sentir malheureux ? On ne se sent pas en bonne santé au motif que l'on n'est pas malade. Le progrès, c'est l'idée que l'on peut mieux faire – comme l'annotation d'un professeur sur un bulletin scolaire. On « peut », cela veut aussi dire que la liberté entre en ligne de compte. Et l'idéal démocratique tient au fait qu'on ne « peut » le faire qu'à plusieurs et entre égaux. Le risque étant que le progrès soit défini et défendu par ceux qui en sont les principaux bénéficiaires, notamment les gagnants de la « mondialisation heureuse ». L'enjeu démocratique premier est de parvenir à prendre en compte les exclus du progrès et non que certaines élites continuent de leur vendre un progrès auquel ils n'ont pas accès.

> ***« La question du bien-être humain est celle du progrès par excellence. »***

Le vrai progrès est-il celui de la sobriété ?

Il y a deux interprétations de la sobriété : éviter ce qui est absurde et inutile dans nos vies, c'est-à-dire une lutte pied à pied contre le gaspillage ; ou bien viser une sorte de rétrécissement, dans une logique de décroissance et de rabougrissement. C'est celle de Pierre Rabhi qui, même s'il parle de sobriété heureuse, ne saurait nous enthousiasmer. Cela pose la question du progrès, qu'on voudrait infini, dans un monde fini. Mais le fait de « grandir » sur une planète finie ne semble pas irréalisable.

Est-ce que l'on peut croire au progrès quand on ne croit plus en la science ?

Ce qui est sûr, c'est que le besoin de sciences est indispensable à la pérennité de la démocratie, qui ne peut fonctionner sans un espace public éclairé. Alors que, précisément, ce dernier est percuté par les *fake news* et les trolls, qui sont des armes de déstabilisation massive de la démocratie, comme l'ont bien compris les adversaires des démocraties libérales.

Est-ce qu'une dictature a, comme une démocratie, besoin du progrès ?

Une dictature a au moins besoin que les conditions de vie s'améliorent. Dans ce cas, le progrès des libertés devient tacitement secondaire. C'est pourquoi, confrontées à une récession, la Chine ou la Russie se retrouvent en danger. Autrement dit, tous les régimes, aujourd'hui, ont besoin de l'idée de progrès.

Pourquoi le discours des anti-progrès marque-t-il plus que celui des progressistes ?

Parce que nous sommes imprégnés d'esprit critique et que, dans ces conditions, le discours pessimiste fait autorité. Vous mettez sur un plateau télé un pessimiste et un optimiste, le premier gagne à tous les coups. C'est la victoire du lanceur d'alerte sur le naïf, de l'indigné sur le résigné, quel que soit le sujet. Pourtant, en matière de progrès, nous sommes pris dans une certaine schizophrénie, en étant parfois non croyants mais toujours pratiquants. On doute du progrès comme idée, mais on goûte aux progrès du quotidien et on le fait de façon addictive.

> ***« Vous mettez sur un plateau télé un pessimiste et un optimiste, le premier gagne à tous les coups. C'est la victoire du lanceur d'alerte sur le naïf, de l'indigné sur le résigné, quel que soit le sujet. »***

Pour conclure, auriez-vous des pistes pour réenchanter le progrès ?

Paradoxalement, réenchanter le progrès suppose un peu de modestie, notamment sur le plan économique où est constamment convoquée la question du sens. Pour autant, la promesse démocratique demeure bel et bien là, avec ce qu'elle suppose : que tous les humains sont grands, qu'ils peuvent tous encore grandir et que c'est tous ensemble qu'ils peuvent y arriver. Ce n'est pas gagné, parce que les frottements existent. Mais j'ai beau regarder aussi bien dans l'histoire que dans la géographie, je ne vois pas de plus belle promesse de progrès que celle-ci.

« Le bonheur ou la satisfaction des gens dépend non pas seulement de leur situation statique, instantanée, mais des perspectives qui sont les leurs. »

Claudia Senik[1]

Quelle est votre définition du progrès ?

Le progrès, c'est le fait d'avancer vers un but. Mais tel qu'on l'entend, on pense à l'amélioration des conditions de vie, matérielles, sociales et même morales et spirituelles d'une société. Donc, c'est l'idée de progresser vers un idéal que la société se serait donné.

Ainsi, il faut croire au progrès ?

Il faut en effet continuer de croire au progrès, comme nous le faisons depuis le XVIIIe et surtout le XIXe siècle. Dans mon domaine de recherche, j'observe que le bonheur ou la

1. Claudia Senik est économiste. Elle a publié récemment *Pandémies ; nos sociétés à l'épreuve*, Paris, La Découverte, 2022.

satisfaction des gens dépend non pas seulement de leur situation statique, instantanée, mais des perspectives qui sont les leurs. Tout le monde aime aller vers le mieux, connaître une amélioration, suivre une trajectoire ascendante. Le progrès n'est pas synonyme de bonheur, mais il crée les conditions du bonheur.

Si l'on ne croit plus au progrès, que risque-t-il de se passer ?

Que l'on sombre dans le pessimisme, le scepticisme ou le relativisme. Et que l'on s'enferme dans une forme de conservatisme pour préserver ce qui a été acquis. Mais il ne suffit pas de croire au progrès, il faut le mettre en œuvre. Et pour cela, le progrès scientifique et matériel doit être aussi un progrès social. Il faut donc être actif dans la promotion du progrès dans toutes ses dimensions.

Comment expliquez-vous, dans ces conditions, que la notion de progrès fasse autant débat aujourd'hui ?

La première raison tient peut-être au fait que les fruits du progrès ne sont plus aussi visibles qu'à d'autres époques. Aujourd'hui, les nouvelles générations n'ont plus l'impression qu'elles vont vivre mieux que celles qui les ont précédées, ce qui était une conviction partagée jusque dans les années 1970 au moins.

La flèche du temps semblait alors ascendante. Aujourd'hui, les bénéfices du progrès ne semblent plus évidents alors que ses coûts le sont : pensons notamment à la robotisation et à l'intelligence artificielle. Cela détruit énormément d'emplois et fragilise la classe moyenne, avec un risque de précarisation dans le monde du travail qui s'étend. Entre la bipolarisation du marché du travail et l'augmentation des inégalités, le sens du progrès est forcément questionné. Cette invasion du numérique donne aussi un poids considérable aux réseaux sociaux qui contribuent à abêtir la population. C'est la « civilisation du poisson rouge », pour reprendre le titre de l'essai de Bruno Patino[1]. Le progrès fait à chaque fois des gagnants et des perdants, et aujourd'hui les premiers semblent moins nombreux qu'autrefois.

> ***« Aujourd'hui, les bénéfices du progrès ne semblent plus évidents alors que ses coûts le sont. »***

Il y a donc une sorte de désillusion ?

Oui, qui touche particulièrement ce que j'appellerais la « génération de la chute du mur » : celle-ci a cru à l'avènement de la liberté, de la

1. Bruno Patino, *La civilisation du poisson rouge*, Paris, Grasset, 2019.

démocratie et de la prospérité qui y était associée. Le progrès devait alors s'étendre au monde entier : trente ans après, les libertés publiques et individuelles ont en réalité régressé dans ces pays, devenus le berceau des démocraties illibérales. L'espoir ouvert dans les années 1990 a assurément été déçu.

Quelle vous semble être la part de l'enjeu climatique ?

On mesure que les progrès de la production industrielle aggravent le réchauffement climatique. Et on observe que certaines innovations sont ambivalentes : les drones sont des engins formidables pour surveiller les récoltes, mais dangereux s'ils sont mis au service d'une surveillance policière excessive.

Peut-on croire au progrès si on ne croit plus en la science ?

Le mouvement de défiance vis-à-vis du savoir et des connaissances scientifiques est préoccupant. L'expertise est de plus en plus contestée et les vérités scientifiques concurrencées par des vérités alternatives de plus en plus partagées. Si l'on ne croit plus à la science, difficile d'établir des faits et de s'entendre sur ce qui pourrait constituer une amélioration.

> ***« Les drones sont des engins formidables pour surveiller les récoltes mais dangereux s'ils sont mis au service d'une surveillance policière excessive. »***

Comment croire au progrès dans un monde limité ?

La situation actuelle nous renvoie au paradoxe de Ricardo sur l'eau et le diamant. L'eau, disait-il, c'est vital et ça ne vaut rien, contrairement au diamant qui ne sert à rien mais coûte très cher. Nous sommes en train de sortir de ce monde-là.

Le problème serait donc que des choses qui produisent aujourd'hui du bien-être ne soient pas assez valorisées ?

En effet, ce qui aboutit à ce que le niveau de bien-être subjectif ne puisse être confondu avec le revenu par habitant par exemple, les deux n'étant pas équivalents. Le monde ne peut se traduire entièrement en valeur marchande : si je me promène à pied dans la montagne, cela ne crée aucune richesse mais peut me procurer du bien-être, alors que le fait d'utiliser le télésiège est valorisé dans le PIB, sans que mon niveau de satisfaction soit supérieur. Beaucoup de choses sont ainsi source de bien-être sans être comptabilisées. Mais bien sûr, l'état de santé, l'espérance de vie, le niveau d'éducation, sont forcément liés à la richesse produite.

Faudrait-il un nouvel indicateur ?

Il faut conserver le PIB parce que l'on a besoin de mesurer la production de biens et la valeur sociale de ces derniers. Mais cela ne suffit pas, c'est pourquoi il est essentiel de mesurer le niveau de satisfaction et de bonheur des gens, et de pouvoir en comparer les évolutions dans le temps pour comprendre ce qui fait le bonheur de la population à un instant *t*. On a ainsi pu observer le bond fait en sortie de confinement. Ce n'était évidemment pas corrélé à un sujet économique puisque l'économie était au point mort. On a alors vu se décorréler la satisfaction dans la vie et les anticipations économiques. Ce qui comptait, c'était la reprise des relations sociales. Gallup réalise chaque année une enquête qui démontre combien le lien social est un paramètre déterminant du niveau de satisfaction dans l'existence.

Puisque les entreprises sont aussi des lieux où se noue du lien social, quel peut être leur rôle pour réhabiliter l'idée de progrès ?

Leur rôle est d'autant plus décisif dans une période marquée par ce que l'on appelle la « grande démission » ou le « grand désengagement ». La question du sens en général, et du sens au travail en particulier, devient ainsi centrale. Et le sens, c'est tout à la fois la signification et la direction, ce qui rejoint l'idée de progrès et d'orientation générale de la société. Beaucoup de jeunes entrent en effet dans le monde du travail en se demandant ce que signifie pour la société et pour eux-mêmes – en matière de temps passé, de gratification obtenue, de sens donné – le contrat de travail et le poste qu'on leur propose. Quant à la question du bien-être au travail, elle tient notamment aux relations interpersonnelles dans l'entreprise et aux perspectives de progression offertes. La notion de progrès est donc présente aussi au travail. Et vient, bien sûr, s'y ajouter la question de la rémunération – et de sa dynamique – et de l'autonomie.

> ***« Le lien social est un paramètre déterminant du niveau de satisfaction dans l'existence. »***

Les entreprises n'ont-elles pas tendance à confondre innovation et progrès ?

L'innovation fait partie du progrès. Elle est en soi une exploration du monde et de ses potentialités, mais il faut l'aménager pour en faire un progrès. La reconnaissance d'images grâce à l'IA, appliquée à l'analyse rapide et fine des cellules cancéreuses, c'est génial ; si c'est pour reconnaître et « fliquer » les gens dans l'espace public, ce ne peut plus être considéré comme un progrès.

Que des entreprises utilisent le mot « progrès » dans leurs campagnes de marque, cela vous inspire quoi ?

Cela dit qu'en dépit des débats, le progrès conserve une force symbolique très positive. Même si le progressisme est parfois critiqué, rares sont ceux qui se revendiquent de son contraire et s'assument réactionnaires. Pour les entreprises elles-mêmes, le progrès, c'est notamment d'investir des champs qui leur étaient jusqu'alors étrangers, en particulier celui de leur responsabilité sociale et environnementale. Personne ne peut contester qu'il s'agit là d'un progrès.

Pensez-vous que cela soit suffisant ?

De toute façon, les entreprises qui sont en contradiction avec les attentes de la société se mettent elles-mêmes en difficulté et s'exposent au risque qu'on n'aille plus travailler pour elles ou qu'on n'achète plus leurs produits ou leurs services. Le mouvement d'opposition des élèves de l'École polytechnique face au projet d'installation sur leur campus d'un centre de recherche de Total sur les énergies renouvelables en dit long sur les changements en cours. La prise de conscience et la mobilisation sont là.

> ***« Les entreprises qui sont en contradiction avec les attentes de la société se mettent elles-mêmes en difficulté. »***

La critique du progrès n'est-elle pas une critique du capitalisme ?

Totalement, et de manière déguisée. La prise en compte du réchauffement climatique revient à remettre en cause implicitement notre système productif et l'organisation capitaliste, c'est-à-dire la libre concurrence et la propriété en partie privée du capital. Dans la sphère politique manquent cependant des modèles alternatifs au capitalisme. C'est tout de même problématique de remettre en cause une organisation sans savoir précisément par quoi la remplacer.

L'entreprise n'est-elle pas justement un lieu où peuvent s'expérimenter d'autres modes de fonctionnement ?

Une entreprise peut en effet être un laboratoire, et beaucoup le sont. Au-delà de leurs réponses aux contraintes environnementales, certaines accordent du temps à leurs collaborateurs pour s'engager, d'autres vont même jusqu'à les laisser fixer eux-mêmes leur salaire.

Le développement de l'intelligence artificielle ne préfigure-t-il pas l'obsolescence de l'homme ?

Un peu de science-fiction et on peut imaginer un monde guidé par une IA. Même si la technique a quelque chose d'irrésistible, nous avons le choix des usages que nous en faisons. Le transhumanisme, à nous d'en débattre et de fixer le cadre dans lequel nous voulons inscrire la recherche, comme nous l'avons toujours fait. Difficile d'imaginer que l'esprit humain renonce à la connaissance, à la découverte, à l'invention. La condition est de continuer à les explorer en conscience.

La question du progrès peut-elle aujourd'hui se résumer à la question de la croissance et de la décroissance ?

Il ne faut en tout cas pas s'y enfermer. La croissance, encore une fois, c'est l'augmentation de la valeur au cours d'une année, mais ce n'est pas forcément l'augmentation des objets matériels, *a fortiori* d'objets inutiles. Nous produisons et possédons trop d'objets, c'est certain, surtout avec l'obsolescence programmée et le gaspillage qui en découle. Il faut évidemment revoir nos modes de production et de consommation en repensant la valeur des choses, mais sans arrêter de mesurer cette dernière. La décroissance, en revanche, ressemble à un retour en arrière, et ce retour au passé semble difficile à fixer comme un horizon collectif. Le progrès, c'est que les gens soient plus heureux, ce qui n'est en rien garanti par un retour en arrière.

Comment, dans ce cas, dépasser le clivage entre progressistes et déclinistes ?

En définissant ce que l'on reconnaît comme pouvant constituer un mieux pour la société, en se mettant d'accord sur des valeurs, un objectif, un récit. Ce dernier n'existe plus ou alors uniquement sous forme négative, notamment à travers la remise en cause du progrès. Mais au nom et au profit de quoi, on ne voit pas. Les récits catholique et communiste ont reflué sans être remplacés. Le récit européen est là, mais force est de constater qu'il ne dispose pas du potentiel mobilisateur suffisant à une époque où le souvenir de la guerre s'éloigne. Instaurer une zone de paix et de prospérité, comme les pères fondateurs de l'Europe y ont œuvré, ne suffit plus à nos concitoyens. Tout comme l'invention de l'État-providence, un projet formidablement mobilisateur après la Seconde Guerre mondiale et qui a permis de donner une « bonne vie » au plus grand nombre, mais qui mérite aujourd'hui de trouver des prolongements. Le modèle européen de paix et de protection sociale fait la démonstration de sa pertinence, en particulier face à ce qui se passe en Russie et en Ukraine, et il donne corps à un récit, mais manifestement ce dernier ne suffit pas.

Le grand mot de la rentrée, c'est la sobriété. Le vrai progrès ne serait-il pas, finalement, celui de la sobriété ?

Plutôt que de sobriété, qui peut confiner à l'ascétisme, je parlerais de modération, par opposition à l'hubris. Il faut sans doute apprendre à modérer ses besoins, ses désirs, à atteindre une forme de juste mesure. On trouve cette notion dans la philosophie grecque et je pense qu'elle devrait nous inspirer, y compris par son potentiel de consensus, là où la sobriété ou la décroissance fixent un cadre idéologique qui pour certains sera répulsif. La modération peut s'appliquer de façon volontaire là où la décroissance ne peut l'être que de façon autoritaire. Paul Krugman a beaucoup écrit sur les excès de la mondialisation. Les économistes s'accordent à peu près sur le fait que la mondialisation a créé des potentialités extraordinaires mais qu'elle est allée trop loin. On mesure aujourd'hui l'interpénétration trop poussée de nos économies et les difficultés qui en ont découlé au moment du covid. Les économistes s'intéressent beaucoup à ces effets de seuil, en deçà desquels une tendance est favorable et au-delà desquels les effets pervers l'emportent.

> ***« La modération peut s'appliquer de façon volontaire là où la décroissance ne peut l'être que de façon autoritaire. »***

Cette idée de modération n'est-elle pas antinomique avec ce qui constitue le moteur des entreprises, poussées vers toujours plus d'innovation pour vendre toujours davantage ?

L'entreprise essaie de gagner de l'argent, bien sûr, mais elle peut le faire autrement qu'en vendant toujours plus d'objets. Ce peut être en créant d'autres sources de valeur, en ouvrant d'autres champs, d'autres manières de consommer et de vivre.

Comment expliquer le décalage entre la perception individuelle – faite d'insatisfaction – et la réalité collective objective, entre croissance économique et État-providence ?

Dans l'absence de perspectives de progrès, justement. Et pas uniquement entendu dans sa dimension matérielle. Les gens ressentent de la satisfaction quand ils pensent que leur sort ou que les choses vont s'améliorer, ce qui n'est pas le cas aujourd'hui. On a besoin de projection positive et celle-ci fait défaut. Il n'y a pas de bonheur sans idée de progrès. Dans mes travaux, j'observe souvent le décalage entre la perception que les gens ont de leur propre situation qui, en gros, les satisfait, et la perception qu'ils ont de la société. Les indicateurs que nous suivons avec l'Observatoire du bien-être le traduisent très bien : 70 % des Français pensent qu'ils sont plus heureux que la moyenne, ce qui est statistiquement impossible. Donc les gens sont ainsi persuadés que les autres vont plus mal que ces derniers ne le pensent eux-mêmes. *Idem* pour ce qui est de l'état du pays. Il y a quelque chose de très français dans cette perception négative de la société, qui n'est pas à la hauteur des attentes très élevées que nous formulons. Notre niveau d'exigence explique directement notre niveau de frustration.

> ***« 70 % des Français pensent qu'ils sont plus heureux que la moyenne, ce qui est statistiquement impossible. »***

Pourquoi le récit des anti-progrès marque-t-il plus que celui qui défend le progrès ?

D'abord parce qu'il s'agit d'un discours contestataire, dont l'impact est toujours plus fort que celui d'un discours positif. En édition, c'est bien connu : pour vendre un livre, il faut que son titre contienne une critique ou une dénonciation. Les économistes comportementalistes ont par ailleurs mis en évidence que l'on était bien plus sensible aux choses négatives qu'aux choses positives, à ce que l'on perd plutôt qu'à ce que l'on gagne. Les inconvénients liés au progrès nous semblent donc écraser les bénéfices que nous en tirons.

« Au cœur de la question du progrès, il y a celle du perfectionnement humain. »

Cynthia Fleury[1]

Le mot progrès a-t-il encore un sens aujourd'hui, selon vous ?

Il a toujours du sens mais, comme tous ces grands items, bonheur, bien-être, courage…, il est piégé. Il a donc le destin de toutes ces grandes idées magnifiques et instrumentalisées, mises à l'index pour insuffisance de résultats : il suffit de regarder le monde pour dire que le progrès n'existe pas, pas plus que la liberté ou l'égalité. Le progrès est ainsi un idéal régulateur, et notre travail consiste à réduire l'écart entre le progrès fantasmé et le progrès réel. Le progrès, c'est donc d'abord des luttes pour le faire advenir, celles des syndicats et des ouvriers, c'est un ensemble de mouvements sociaux. On peut avoir une vision très

1. Cynthia Fleury est philosophe et psychanalyste. Elle a récemment publié *Ci-gît l'amer ; pour guérir du ressentiment*, Paris, Gallimard, 2020.

intellectualiste, très idéaliste du progrès, mais la vérité du progrès tient dans des combats sociaux sur le terrain.

Dans votre livre, vous évoquez le ressentiment : n'est-il pas le mode d'expression justement de ceux qui ont le sentiment de rester en marge du progrès ?

Il y a toujours plusieurs causalités au ressentiment, qui ne tient pas qu'aux conditions matérielles d'existence. Il arrive que des situations de précarité immense ne débouchent pas sur du ressentiment et qu'à l'inverse des vies plutôt très préservées y succombent. Le ressentiment tient avant tout à une réalité psychique. Le progrès, lui, remonte au XVIIIe siècle et nous vient des Lumières, anglaises, françaises, allemandes. Le grand rêve des Lumières, c'est l'existence d'une linéarité de l'histoire, orientée dans une même direction, avec une convergence de finalités qui matérialisent le progrès. Notre perception est aujourd'hui tout autre, *a fortiori* au sortir d'une pandémie qui a au contraire révélé nos failles systémiques. Le progrès a ainsi du plomb dans l'aile. Mon parti pris consiste donc à partir de ces vulnérabilités systémiques qui sont les nôtres et à construire des formes d'innovations qui tiennent compte de cette contrainte. Parce que quand on fait du progrès en niant cette vulnérabilité, on crée un progrès très inégalitaire.

Vous distinguez progrès quantitatif et qualitatif.

Il y a en effet deux catégories de progrès : le progrès qualitatif, au sens de perfectionnement éthique de l'être humain ; et le progrès quantitatif, à dimension plus matérielle. Le progrès nécessite que ces deux dimensions se tiennent de façon équilibrée. Mais l'enjeu de sobriété qui est en train de s'imposer à nous devrait nous éloigner de cette dimension quantitative où le progrès est nécessairement considéré comme du « plus » pour nous emmener vers son acception plus qualitative. Par exemple, en mangeant moins mais mieux.

Vous dites que le progrès s'est construit avec les sciences, mais quand ces dernières nous annoncent l'imminence d'un monde invivable, comment croire encore au progrès ?

Il n'y a pas de progrès sans science, au sens que les Lumières lui ont donné. Même s'il peut y avoir une approche subjective du progrès, ce dernier est inconcevable sans protocole de véridiction. Comme en médecine.

> ***« L'enjeu de sobriété qui est en train de s'imposer à nous devrait nous éloigner de cette dimension quantitative où le progrès est nécessairement considéré comme du "plus" pour nous emmener vers son acception plus qualitative. »***

Quel est le rôle du politique dans la réhabilitation du progrès ?

En démocratie, il est d'abord nécessaire d'organiser un récit du progrès, d'en définir les contours et les bénéficiaires. Ensuite vient la mise en œuvre du progrès, sa matérialisation par le biais de politiques publiques. Mais ce récit est rendu compliqué par l'hyperfragmentation de la société. Entre le récit des individus, celui des communautés, celui de la société civile et celui des institutions, l'articulation n'est pas simple. Si bien qu'on en arrive à un consensus minimal en matière de progrès, qui produit beaucoup de déceptions. Une vision mature du progrès est toutefois nécessaire, qui embarque avec elle l'idée de déception et de frustration.

Le problème est-il propre à l'Europe, alors que les États-Unis, avec un Elon Musk qui nous parle de la vie sur Mars dans trente ans, auraient su se redonner un horizon, une nouvelle frontière ?

Cette vision n'est pas forcément représentative de tout le système américain et l'appel du progrès reste fort chez nous, revendiqué par des classes entières de jeunes étudiants qui se demandent quel monde inventer en limitant les externalités négatives du progrès sur la nature et la société.

Parlez-nous de votre idée de logocratie…

La démocratie est un paradoxe sur pattes. Celui-ci tient au fait que tout le monde a le droit de voter ; ce faisant, la compétence n'est pas un critère pour avoir le droit de voter. Mais la démocratie, c'est quand même aussi une exigence de *logos*, de rationalité publique, de raison largement partagée. La démocratie est donc un régime de connaissance. Il y a ainsi plusieurs façons de redéfinir le pacte logocratique. On bute notamment sur la représentativité du système démocratique en considérant que le peuple n'est pas fidèlement représenté, donc on essaye constamment d'ouvrir pour diversifier les profils. La logocratie passe par de l'innovation démocratique permanente. Convention citoyenne ? Pourquoi pas ? Tirage au sort ? *Idem.* Amendements parlementaires émanant de la société civile ? Itou.

> ***« On en arrive à un consensus minimal en matière de progrès, qui produit beaucoup de déceptions. »***

Quel rôle les entreprises ont-elles à jouer là-dedans ?

Un rôle éminent, parce qu'elles sont, souvent, de petits laboratoires. On voit bien, d'ailleurs, que lorsque le top management décide d'une orientation, cela va plus vite que dans la société. Parce que les circuits sont plus courts, la réactivité plus grande, les frottements plus faciles à traiter. Elles sont parfois retenues par une forme de prudence, qui tient à la concurrence, alors qu'elles auraient tout à gagner à se montrer plus audacieuses puisque les approches les plus innovantes désormais se monnayent, qu'elles créent de la valeur, ce qui n'était pas autant le cas il y a dix ou vingt ans.

En quoi la notion de progrès est reliée à l'éthique ?

Un progrès sans éthique n'est certainement pas un progrès. Le bon test, s'agissant d'un progrès, passe par l'appropriation sociale de ce dernier. Une innovation qui n'est utilisée par personne ne saurait être considérée comme un progrès. Elle peut même susciter des fractures ou accroître des inégalités, et être donc à rebours de l'idée de progrès.

> ***« Un progrès sans éthique n'est certainement pas un progrès. »***

En matière de progrès, y a-t-il des choses à aller chercher ailleurs que dans la pensée occidentale ?

Oui, en particulier dans les conceptions non linéaires de l'histoire, plus cycliques, puisque nous sommes nous-mêmes revenus de la conception qui était la nôtre, afin d'éviter de confondre progrès et performance, progrès et croissance, et d'avoir une vision beaucoup plus extensive et ouverte du progrès. Dans un monde ouvert et interdépendant, nous sommes dans la quasi-obligation de penser ensemble la définition du progrès.

Une dernière piste pour redonner du sens au progrès ?

Par-delà la logocratie, la centralité de la vulnérabilité ou l'expérimentation démocratique, je dirais le travail sur soi. Car au cœur de la question du progrès, il y a celle du perfectionnement humain.

**« Dès lors que tous les grands récits ont échoué,
il ne nous reste plus que le progrès
pour continuer de croire en l'avenir. »**
Karine Safa[1]

Quand apparaît la notion de progrès ?

L'idée de progrès apparaît pour la première fois chez Francis Bacon, le philosophe des sciences anglais des XVIe-XVIIe siècles. Il utilise alors la notion d'« *advancement* » qui, pour la première fois, revêt non plus une signification spatiale, mais temporelle. Il nous dit que la vérité est fille du temps et non plus de l'autorité, ce qui change le rapport au temps, jusqu'alors perçu comme un principe de déperdition. L'humanité peut donc, avec le temps, améliorer sa condition. Sous-jacente, l'idée qu'avec l'accroissement du savoir et des connaissances, l'homme peut en parallèle accroître son pouvoir et sa domination sur le

1. Karine Safa est philosophe. Elle a récemment publié *Pourquoi la Renaissance peut sauver le monde ; l'imagination comme chemin*, Paris, Plon, 2022.

monde. On voit comment se met en place, avec Bacon, le grand récit fondateur de notre modernité.

Mais le progrès, c'est une idée ou une possibilité ?

C'est une idée qui nous pousse à voir le réel comme un foyer de possibles et non comme un mur auquel on se cogne. Elle a pour vocation de se réaliser, mais ce n'est pas une fatalité. L'idée est essentielle parce qu'elle ouvre le temps et a une capacité mobilisatrice sans égale. C'est peut-être la plus belle fable que l'homme ait inventée, parce qu'elle porte l'espérance d'un monde meilleur.

Est-on obligé de croire au progrès ou peut-on s'en passer ?

Aujourd'hui, la plupart des grands récits ont échoué, les philosophies de l'histoire, les idéologies comme le libéralisme ou le mondialisme, sans compter l'affaissement du religieux. Ces grands récits ne sont plus là pour nous fédérer autour d'un commun, il ne nous reste donc plus que le progrès pour continuer de croire en l'avenir et ne pas céder au désenchantement, au cynisme et à la résignation. Mais à condition de savoir le repenser.

> ***« Aujourd'hui, la plupart des grands récits ont échoué, les philosophies de l'histoire, les idéologies comme le libéralisme ou le mondialisme, sans compter l'affaissement du religieux. Ces grands récits ne sont plus là pour nous fédérer autour d'un commun, il ne nous reste donc plus que le progrès pour continuer de croire en l'avenir. »***

Est-ce que le progrès a déjà subi des remises en cause ?

Bien sûr, le progrès a une histoire. Après Bacon, Leibniz met au cœur de son système philosophique le principe de raison suffisante. D'après lui, on ne vit pas dans le meilleur des mondes, mais dans le meilleur des mondes *possibles*. Il y a donc une forme d'optimisme historique chez Leibniz. Et tout le siècle des Lumières sera façonné par cette très belle idée de la perfectibilité de l'espèce humaine. L'humanité marche alors d'un même pas vers davantage de bonheur et de paix, idée qui sera au cœur des philosophies de l'histoire au XIXe siècle. Mais le XIXe est aussi le siècle de l'industrialisation, qui voit émerger, avec Saint-Simon et d'autres, de grandes utopies sociales et progressistes. Saint-Simon a la conviction que le changement social se fait par le développement technique des réseaux de communication. D'où l'émergence d'une « utopie ferroviaire » portée par le rêve que les chemins de fer pourront rapprocher les peuples et faciliter la paix. Ils sont vus comme « une pensée qui fend l'air ». Evidemment, le xxe siècle va balayer tout cela, avec les deux guerres mondiales et le surgissement d'une pensée nihiliste : le temps n'est plus aux forces du progrès mais aux forces du chaos, la science devenant non plus l'instrument de l'émancipation, mais celui de la barbarie. Le xxe siècle, dans ces conditions, sonne le glas de l'idée de progrès.

Camus disait qu'il faudrait deux générations, après tout ce qu'il s'est passé au xxe siècle, pour croire de nouveau au progrès.

Il est en effet très difficile de remonter la pente et ce l'est d'autant plus que le foisonnement d'innovations qui caractérise notre époque ne se fait pas toujours de façon éthique ou contrôlée. L'IA dite générative, ChatGPT, par exemple, risque de produire une vision unique du monde, au détriment du pluralisme et de la confrontation des idées. L'innovation est souvent vue comme un vecteur de croissance. Or il faudrait qu'elle soit aussi un vecteur de sens. Il est normal et souhaitable que le progrès fasse débat tant ses acceptions sont nombreuses. La question est de savoir si ces différentes formes de progrès – scientifique, technique, économique, social, moral, spirituel, politique… – se déterminent les unes les autres. Est-ce que le progrès technique engendre un progrès moral ou social ? Est-ce qu'il permet aux hommes d'aller vers plus d'émancipation ? Si le progrès repose sur le mythe d'un homme prométhéen qui se positionne comme maître et possesseur de la nature, ce progrès-là entre en contradiction frontale avec le dérèglement climatique, par exemple, qui est l'un des enjeux majeurs de notre siècle. Mais si le progrès a au contraire une portée morale et nous permet de rester fidèles à un idéal de développement humain, alors il est salutaire. Le progrès n'est rien en lui-même, il dépend de l'acception que nous privilégions et de l'usage que nous entendons en faire.

> ***« Le foisonnement d'innovations qui caractérise notre époque ne se fait pas toujours de façon éthique ou contrôlée. »***

La crise du progrès est-elle plus profonde aujourd'hui qu'hier ?

Le progrès est un récit, or nos imaginaires sont en panne. Nous avons du mal à nous projeter, d'où l'impression que l'avenir est en fuite. Les crises s'additionnent – sanitaire, énergétique, diplomatique, économique, sociale… – et deviennent un marqueur de notre modernité, nous conduisant à prendre conscience des excès dont nous nous sommes rendus coupables. J'ai l'impression que c'est notre rapport au monde que nous sommes en de réinterroger aujourd'hui en profondeur. Nous prenons peu à peu conscience que le progrès est une exigence morale, voire une nécessite vitale à réinventer.

La remise en cause du progrès est-elle une remise en cause du capitalisme ?

C'est avant tout une remise en cause de nos propres excès. Mais il est vrai que la réinvention du progrès passera nécessairement par quelques grands chantiers utopiques, à commencer par une refondation du capitalisme. La question d'un capitalisme « responsable » est ainsi légitimement en vogue, posant celle de l'articulation de la performance et de la durabilité. Ce qui se passe avec la loi Pacte et le mouvement des entreprises autour de leur raison d'être – question philosophique s'il en est – est très éclairant et très prometteur.

Peut-on encore croire au progrès quand on ne croit plus à la science ?

Dans nos sociétés où la défiance s'enracine, où des faits alternatifs sont commentés, il devient de plus en plus difficile de se référer à une vérité commune. Cela contribue à défaire le monde, à alimenter nos craintes et à nuire à notre idéal de progrès. On développe une sur-méfiance vis-à-vis de la science en devenant paradoxalement, dans le même temps, très crédules. Il faudrait être très vigilants par apport à cet usage déréglé que nous faisons du doute et qui porte atteinte aux valeurs qui nous relient.

Comment expliquer que le récit des adversaires du progrès l'emporte aujourd'hui ?

Désespérer du progrès, c'est une manière de céder à l'absurde. Il n'est jamais sans conséquence de laisser prospérer le nihilisme et la peur au détriment de la raison. Nos sociétés entretiennent d'ailleurs une relation très curieuse avec la peur : nous la fuyons, mais nous la cultivons, l'amplifions, au risque qu'elle devienne une véritable maladie collective. Le complotisme en est une variation évidente, qui permet d'offrir un schéma explicatif alternatif simple et, ce faisant, apaisant, face à des événements que nous ne comprenons pas.

Vous voyez un lien entre crise du progrès et montée des populismes ?

La crise du progrès contribue à alimenter le sentiment d'inquiétude qui anime nos sociétés, de perte de repères, d'un avenir sans perspective, autant d'éléments qui font le lit des populismes. Le risque pour nos sociétés est de se replier sur elles-mêmes, de céder à la tentation du nationalisme ou du rejet des institutions politiques. L'inflation de la peur est toujours une défaite de la pensée. L'anthropologue Roger Caillois observe que les espèces animales n'ont qu'une seule peur, celle d'être dévorée, alors que chez l'être humain la peur prend des figures multiples parce qu'elle est souvent la fille de son imagination. À nous de construire un imaginaire positif qui cantonne la peur à sa juste place, tout en faisant un pari sur l'ordre du monde.

> ***« À nous de construire un imaginaire positif qui cantonne la peur à sa juste place, tout en faisant un pari sur l'ordre du monde. »***

La tentation du repli, c'est une perte de confiance en l'avenir ?

C'est bien parce que l'avenir est en crise que s'impose aujourd'hui le « présentisme », c'est-à-dire cette situation où des individus atomisés, déconnectés les uns des autres, se concentrent exclusivement sur leurs plaisirs et leurs besoins du moment. Quand on perd foi en l'avenir et qu'on cesse de croire au progrès, il est pourtant facile de revisiter l'histoire et de mesurer l'ensemble des améliorations obtenues. Le plan scientifique offre d'innombrables arguments pour contester l'idée de plus en plus répandue que c'était mieux « avant ». Il faut donc revisiter cette idée de progrès avec réalisme et modestie, car ce qui est mort, ce n'est pas la possibilité du progrès, mais l'idée dogmatique du progrès, de son caractère continu et inéluctable.

Mais le pessimisme l'emporte, y compris lorsque l'on regarde les indicateurs globaux : le sort des populations s'est considérablement amélioré, mais c'est comme si les gens peinaient à y croire.

Sans doute parce que nous manquons de cette vision globale, qui nous permet de nous comparer dans le temps et dans l'espace. Nous sommes centrés sur nos malheurs en étant incapables de déplacer notre regard. La pauvreté recule dans le monde, l'alphabétisation progresse, la scolarisation des filles aussi, mais le pessimisme l'emporte et prend de multiples formes, dont la technophobie n'est que la plus visible.

Aurait-on trop pensé progrès individuel et pas assez progrès collectif ?

C'est en tout cas le rôle du politique que de réaffirmer la primauté du collectif, en reconfigurant positivement l'avenir, en activant les forces de transformation sociale, en définissant une bannière commune susceptible de nous unir et de rallumer l'espérance. Le rôle du politique se limite aujourd'hui à la gestion des crises et des difficultés du présent en délaissant les enjeux de projections dans le futur.

Le politique peine donc à définir un cap collectif, et dans le même temps l'individualisme progresse et porte des coups au contrat social et à la cohésion.

> ***« Le rôle du politique se limite aujourd'hui à la gestion des crises et des difficultés du présent en délaissant les enjeux de projections dans le futur. »***

Vous parlez du rôle du politique; comment voyez-vous celui des entreprises?

Elles ont un rôle social voire politique à jouer. Elles l'ont d'ailleurs pleinement démontré au moment du covid en se mobilisant pour le collectif de façon tout à fait admirable. C'est donc une fausse polémique de se demander si les entreprises doivent se préoccuper de profit ou de bien commun. L'entreprise du XXIe siècle est inséparable de l'intérêt commun. Dans la résolution des crises, chacun est en effet désormais appelé à prendre sa part.

Quelles similitudes voyez-vous avec l'époque de la Renaissance?

Elles sont nombreuses, surtout si l'on veut bien se souvenir que la Renaissance est une période de crises multiples: la peste noire a décimé l'Europe, la guerre de Cent ans l'a ravagée, les campagnes sont sous la coupe de bandes armées, la crise économique est patente et l'imprimerie vient bousculer le monde de la culture et de l'éducation. C'est donc une période de grandes difficultés et d'une profonde perte de repères. Mais c'est également l'époque où l'Europe devient le berceau de l'innovation et de l'humanisme. Je défends l'idée que la Renaissance n'est pas qu'une période de l'histoire. La Renaissance, c'est une aptitude à se tenir debout et à garder foi en l'homme, à dépasser l'ancien et à faire du neuf, à transformer une crise gigantesque en opportunité de renouvellement. Notamment par un rapport très mature au temps, comme chez Machiavel, qui considère qu'on ne peut pas l'enfermer, le maîtriser, et qui nous donne un précieux conseil en nous disant que même si l'on ne sait pas de quoi l'avenir est fait, il faut se lancer dans l'action parce que grâce à celle-ci s'ouvrent des opportunités qui n'auraient pas existé si l'inaction l'avait emporté. La Renaissance se distingue notamment par cette capacité à surmonter la peur et à prendre des risques pour agir. Je suis donc une admiratrice de la Renaissance et une militante de l'utopie réaliste. Je considère que les sociétés qui ont une activité utopique sont toujours des sociétés en bonne santé. Ce n'est jamais bon signe qu'une société produise essentiellement des dystopies, comme nous le faisons. Cela imprègne nos imaginaires de façon totalement négative plutôt que de penser des utopies comme des laboratoires d'expérimentation d'un monde meilleur, comme une ressource fondamentale. À nous d'aller plutôt vers les signes porteurs d'avenir. Et ils sont très nombreux.

> *« Les sociétés qui ont une activité utopique sont toujours des sociétés en bonne santé. Ce n'est jamais bon signe qu'une société produise essentiellement des dystopies, comme nous le faisons. »*

**« Il faut sauver le progrès,
en le protégeant de lui-même,
car il génère ses propres maux,
et de ses adversaires qui sont nombreux. »**
Nicolas Bouzou[1]

Quelle est votre définition du progrès ?

L'idée remonte aux Lumières et veut que le progrès technique engendre le progrès économique, qui engendre le progrès social puis le progrès moral. Tout s'enclenche automatiquement. Malheureusement, on a vu au XXe siècle que les choses étaient un peu moins simples et linéaires. Résultat, aujourd'hui, le progrès, c'est quelque chose de beaucoup plus concret et terre à terre. Il faut néanmoins continuer de distinguer le progrès comme un programme abstrait et « les » progrès dans la vie de tout un chacun.

1. Nicolas Bouzou est économiste. Il a récemment publié *Pour un libéralisme populaire*, Paris, L'Observatoire, 2022.

Le progrès, c'est une idée ou une possibilité ?

On a longtemps considéré le progrès comme quelque chose d'automatique, la voie naturelle de l'humanité, idée invalidée par les catastrophes du XXe siècle. On en est revenu au point que le progrès est aujourd'hui tout juste une possibilité, sans être une évidence. Certains vont même plus loin, considérant le progrès comme une chimère voire comme un piège. C'est la logique de certains écologistes radicaux.

Il faut encore croire au progrès, selon vous ?

C'est d'autant plus nécessaire qu'il n'a aucune chance de se réaliser si l'on n'y croit pas. Si vous considérez que seul l'effondrement nous guette, vous n'avez que peu de chance de susciter le progrès. Pas de progrès possible sans confiance en l'avenir. Mais la confiance n'est pas l'optimisme, qui considère que l'avenir sera automatiquement meilleur que le passé. Il s'agit là d'une croyance, qui ne repose sur rien. La confiance, à l'inverse, repose sur la conviction que le progrès est possible, à condition d'y œuvrer.

Avez-vous le sentiment que le progrès est en procès ?

Oui et cela remonte aux années 1970, avec notamment Hans Jonas qui, dans son livre *Le*

Principe de responsabilité[1] – un grand livre –, explique combien le pouvoir scientifique peut aboutir à la destruction de la planète et propose donc une heuristique de la peur, d'une peur qui ne nous menace pas, mais qui nous protège parce qu'elle garantit que nous n'allons justement pas travailler à notre propre destruction. Point de vue très intéressant, mais qui pose un problème : si elle fait peur, si elle devient synonyme de menace, vous n'investissez plus dans la science et vous vous mettez dans l'incapacité de résoudre certains défis comme celui, aujourd'hui, de la crise climatique.

Pas de progrès possible sans croire à la science, donc ?

Il faut tout de même distinguer deux progrès : le progrès technique – dont découle le progrès économique – et le progrès moral, qui sont en réalité disjoints. Vous pouvez avoir le progrès scientifique, technologique, sans le progrès moral. L'exemple historique mobilisé pour l'illustrer est celui de l'Allemagne au XXe siècle. Haut savoir scientifique, taux d'éducation très élevé, mais effondrement complet de la morale politique. En revanche, pour lutter contre la pauvreté, la maladie, il faut pouvoir vous appuyer sur un savoir et une méthode scientifiques.

---

1. Hans Jonas, *Le pricnipe de responsabilité*, Paris, Flammarion, 1991 [1979].

Comment croire au progrès quand la science elle-même nous annonce un avenir incertain et inquiétant ?

Je pense que la question climatique ne remet pas en cause le progrès. Grâce à la science, cette crise climatique, tout le monde en reconnaît désormais l'existence et la science nous dit à peu près comment la résorber : il faut décarboner nos économies d'ici 2050, la part des émissions de gaz à effet de serre se montant à 40 % pour l'énergie, 20 % pour les transports, 20 % pour le logement, le résidu étant dévolu aux autres secteurs, dont l'agriculture. Je suis absolument convaincu que, face à cela, c'est bien la science qui va nous sauver. Le progrès a toujours généré des problèmes – il n'est pas univoque, sinon ce serait trop facile – en même temps que leurs solutions. Le progrès n'est pas sans dégâts collatéraux qu'il faut ensuite traiter.

> ***« Le progrès a toujours généré des problèmes – il n'est pas univoque, sinon ce serait trop facile – en même temps que leurs solutions. »***

Mais n'y a-t-il pas une fuite en avant ?

A contrario, si on raisonne différemment et qu'on prône la décroissance, on réfléchit beaucoup moins aux solutions technologiques et on a peu de chance de les trouver. La décroissance, cela semble difficile à mettre en œuvre en expliquant aux gens ce qu'on va leur retirer. Et même du point de vue écologique, ce n'est pas certain que cela fonctionne, que cela soit suffisant pour atteindre nos objectifs de décarbonation. Il me semble injuste et illusoire d'accuser la science de tous les maux.

Ce progrès technologique, avec l'IA notamment, ne va-t-il pas conduire à l'obsolescence programmée de l'homme ?

La question de la complémentarité entre l'intelligence artificielle et l'homme est absolument fondamentale, mais je suis confiant quant à sa résolution, car l'intelligence artificielle est un outil qui sera ce que nous en ferons. La technologie est relativement neutre. Ses usages positifs ou négatifs, c'est l'homme qui les déterminera. C'était déjà le même problème avec la radioactivité, qui peut servir à faire des bombes atomiques ou à soigner des cancers. La complémentarité entre l'IA et l'intelligence humaine devrait s'effectuer facilement : la première est très forte pour résoudre des problèmes concrets, répétitifs, en faisant beaucoup de calculs ; l'intelligence humaine est en revanche imbattable pour traiter de situations aléatoires et complexes. En médecine, l'IA est un apport réel pour établir un diagnostic, mais le médecin reste indétrônable pour établir le traitement car il est le seul à connaître tous les paramètres, y compris humains et sociaux, qui déterminent l'état de son patient.

La question du progrès se résume-t-elle à un débat croissance/décroissance ?

La décroissance, c'est la croissance négative, c'est-à-dire la baisse de la production, et rien ne dit que beaucoup de gens soient d'accord avec cela. Ce que l'on veut, c'est diminuer voire supprimer les activités identifiées comme nocives et augmenter les activités positives ou vertueuses. L'enjeu n'est donc pas entre croissance et décroissance, mais entre croissance de certaines activités et décroissance pour d'autres. L'enjeu est de réorienter la croissance et d'identifier les bons outils pour cela. La fiscalité ? La réglementation ?

Le progrès est-il possible dans un monde limité ?

Je ne suis pas sûr que le monde soit limité : certaines matières premières le sont, ce qui ne veut pas dire que le reste l'est. La notion de rareté est donc relative et temporaire. La vraie richesse, la vraie rareté, c'est l'intelligence humaine, capable de résoudre les problèmes que la nature nous pose et d'aller au-delà des contraintes naturelles d'aujourd'hui. Est-ce que notre problème de ressources naturelles a vocation à limiter nos aspirations globales ? Ce n'est pas certain.

Le vrai progrès aujourd'hui, ne serait-il pas le progrès de la sobriété ?

La sobriété est une notion très intéressante qui, bien souvent, rejoint le bon sens. Manger des fraises en hiver, c'est énergivore et absurde. Il faut donc arrêter de le faire. Mettre le chauffage à 23° l'hiver et la clim à 17° l'été, c'est du gaspillage, c'est absurde. La sobriété m'inquiète quand elle fait dire à certains que nous devrons vivre, demain, en fonction de nos besoins et non plus de nos désirs. L'humain ne saurait être réduit à la satisfaction de ses besoins, c'est même ce qui le distingue de l'animal.

Le progrès est-il source de désillusion ?

L'ouvrage de Raymond Aron[1] reste en effet entièrement d'actualité : le progrès est une promesse intenable, comme le sont le capitalisme – qui promet l'enrichissement de tous – et la démocratie – qui promet de donner le pouvoir à chacun. Vous avez donc des personnes qui critiquent le capitalisme, des personnes qui remettent en cause la démocratie représentative et d'autres qui remettent en cause le progrès.

1. Raymond Aron, *Les désillusions du progrès*, 1969, *op. cit.*

> *« Le progrès est une promesse intenable, comme le sont le capitalisme – qui promet l'enrichissement de tous – et la démocratie – qui promet de donner le pouvoir à chacun. »*

La critique du progrès n'est-elle pas une critique du capitalisme ?

Elles se confondent logiquement, car les deux systèmes sont en réalité entremêlés. Le capitalisme s'est épanoui là où la science était développée et là où l'on a cru au progrès et où on l'a théorisé. Les tenants de la décroissance, d'ailleurs, critiquent explicitement la science, le capitalisme et le progrès.

Donc, selon vous, il est clair qu'il faut sauver le progrès ?

C'est d'autant plus indispensable que cela correspond à ce que veulent les gens : vivre mieux, avoir de meilleurs revenus, de meilleures conditions de travail, une meilleure santé, de meilleurs services publics… Autant d'aspirations auxquelles il faut répondre et de choses qu'il faut financer. Pour y parvenir, nous disposons d'outils technologiques extrêmement puissants et d'une somme de connaissances inégalée dans l'histoire de l'humanité. Il faut donc sauver le progrès, en le protégeant de lui-même, car il génère ses propres maux, et de ses adversaires, qui sont nombreux.

Le progrès a-t-il encore un sens ?

Il a le sens que nous voulons lui donner. Le progrès est une innovation à laquelle on donne un but, un sens. Dans le domaine de l'écologie, de la santé, de l'éducation, toute innovation peut apporter une contribution positive à l'humanité.

Justement, les entreprises n'ont-elles pas banalisé le progrès en lui substituant le mot d'innovation ?

Les entreprises, en effet, surutilisent ce terme, devenu parfois sa propre finalité. Cela fait partie de la novlangue des entreprises, avec une dimension marketing évidente et au prix de réels mensonges. Et même si c'est vrai, la question reste de savoir à quelles fins on innove. La question du sens est donc centrale, mais elle est sous-investie. Cela commence à changer avec la possibilité qu'ont les entreprises d'inscrire leur « raison d'être » dans leurs statuts, à condition qu'il ne s'agisse pas d'un faux-semblant.

Que vous inspire l'emploi par les grands groupes du mot progrès à toutes les sauces dans leur discours de marque ?

Qu'il s'agisse d'innovation, d'humain ou de progrès, cela m'incite à les alerter sur le risque que tout soit galvaudé et que plus personne ne les écoute. Les gens ne sont pas assez crédules pour cela. Le profit est une nécessité, mais il ne peut pas être une finalité. Il n'est qu'un moyen au service d'une ambition autre, beaucoup plus inspirante que d'augmenter son Ebitda[1] de quelques points d'une année sur l'autre. D'ailleurs, quand vous demandez à un entrepreneur pourquoi il a monté une société, heureusement qu'aucun ne vous répond qu'il l'a fait pour avoir un Ebitda de 4,5. Les profits servent à investir dans de nouveaux projets. Cela suppose de sortir le management de l'emprise des chiffres et des indicateurs. Le sujet est bien de « refinaliser » l'entreprise. C'est pourquoi ils ont moins à s'intéresser à des idées globales comme le progrès ou la croissance qu'à leur « raison d'être ».

> *« Le sujet est bien de "refinaliser" l'entreprise. »*

Pour les entreprises, le progrès n'est-il pas synonyme de courage, vu la remise en question fondamentale que cela suppose ?

1. Ebitda : *earnings before interest, taxes, depreciation, and amortization*, « bénéfice avant intérêts, impôts, dépréciation et amortissement ».

Je pense qu'il faut du courage pour revendiquer de se situer encore du côté du progrès. Avec une asymétrie très grande entre les tenants du progrès et ses détracteurs, car les premiers revendiquent une forme de rationalité, tandis que le discours des seconds fait appel aux sentiments, ce qui est beaucoup plus efficace. Alors, remettre la logique du progrès au cœur des entreprises, cela demande du courage et de la pédagogie, notamment vis-à-vis des actionnaires.

Et la démocratie peut-elle se passer du progrès ?

Non, la décroissance sera toujours impossible dans le cadre d'une démocratie libérale, car elle ne répond pas aux aspirations profondes des citoyens, qui reposent sur l'idée du progrès et d'une amélioration de leur condition.

Quel est le rôle du politique dans la réhabilitation du progrès ?

D'abord de rappeler les vertus du progrès et ensuite de veiller à ce qu'il soit partagé. S'il ne l'est pas, il perd son essence même et fait planer une menace sur la démocratie. Et le progrès doit comprendre une dimension symbolique qui vienne répondre à un très profond manque de reconnaissance individuelle dans la société. Ce manque de reconnaissance est général et aboutit à ce que tout le monde se sente humilié : le corps enseignant en particulier et les fonctionnaires en général, qu'on dit planqués ; les policiers, qu'on dit violents ; les patrons, qu'on traite de vendus ou de profiteurs ; les politiques, qu'on juge nuls et corrompus, etc.

> ***« Ce manque de reconnaissance est général et aboutit à ce que tout le monde se sente humilié. »***

Ce qui domine dans le discours, c'est en effet un profond pessimisme alors que, quand on regarde les indicateurs globaux du bien-être humain à l'échelle de la planète, quand on écoute Steven Pinker, on constate qu'on n'a jamais aussi bien vécu. Comment expliquez-vous ce décalage ?

Ce décalage n'est en réalité pas nouveau et Pinker l'explique très bien. La réalité, c'est que nos aspirations évoluent avec le temps. L'exemple de la sécurité est très éclairant : Pinker rappelle que nous vivons dans un monde qui est le plus sûr jamais connu ; et pourtant, le sentiment d'insécurité n'a jamais été aussi généralisé. Les deux visions sont légitimes et ces deux réalités sont vraies. Mais il ne suffit pas de rappeler que le monde est sûr pour faire reculer le sentiment d'insécurité.

> *« Il ne suffit pas de rappeler que le monde est sûr pour faire reculer le sentiment d'insécurité. »*

Pour terminer, comment redonner un sens au progrès ?

En sortant de l'abstraction et en faisant la pédagogie de progrès concrets. En montrant ce qui marche et ce qui nous ouvre des perspectives positives. En rappelant que l'accès à la culture n'a jamais été aussi pratiquement et économiquement facile. Que face aux principales maladies, les progrès sont quotidiens. Que notre vie collective ne se résume pas à une pandémie et à des attentats. Et en allant encore plus loin dans la projection, parce que d'ici cinquante ans, il est probable qu'on sache soigner les cancers et séjourner sur Mars.

Le futur existe-t-il déjà dans l'avenir ?

Étienne Klein[1]

> « L'idée de l'avenir est plus féconde que l'avenir lui-même. »
>
> Henri Bergson

On attribue souvent à Emmanuel Kant cette sentence : « L'intelligence d'un individu se mesure à la quantité d'incertitudes qu'il est capable de supporter ».

Je ne sais pas si ce qu'énonce cette phrase est exact. Je ne puis même pas garantir que l'inventeur de « l'idéalisme transcendantal » en est bien l'auteur, n'étant pas parvenu à trouver la référence exacte de cette citation. La voici

1. Étienne Klein est physicien, directeur de recherches au CEA et docteur en philosophie des sciences. Il dirige le Laboratoire de recherche sur les sciences de la matière du CEA (LARSIM). Il enseigne par ailleurs la philosophie de la physique à Centrale Supélec. Auteur de nombreux ouvrages et lauréat de plusieurs prix, il est membre de l'Académie des technologies. Il publie en avril 2023 *Courts-circuits*, chez Gallimard.

donc doublement teintée d'incertitude : d'une part à propos de sa valeur de vérité, d'autre part à propos de sa source. Or, pour autant que je puisse en juger, ces deux incertitudes me semblent tout à fait « supportables ». Est-ce à dire que ce constat, si notre sentence dit bel et bien vrai, pourrait commencer d'étayer l'idée que je ne suis pas complètement stupide ?

Quoi qu'il en soit – et pour être enfin sérieux –, cette phrase m'apparaît comme un prétexte à parler d'incertitude, notamment de celle qui se porte sur l'avenir, sur notre avenir. Je me permettrais d'aborder cette question en tant que scientifique, car – nous le savons désormais – la connaissance scientifique a ceci de paradoxal qu'elle ouvre des options tout en produisant de l'incertitude, une incertitude d'un type très spécial : nous ne pouvons pas savoir grâce à nos seules connaissances scientifiques ce que nous devons faire d'elles. Par exemple, nos connaissances en biologie nous permettent de savoir comment produire des OGM, mais elles ne nous disent pas si nous devons le faire ou non. Depuis que l'idée de progrès s'est problématisée, cela devient affaire de *valeurs* qui s'affrontent et non plus de *principes*, que ceux-ci soient éthiques ou normatifs. Or les valeurs sont en général moins universelles que les principes (la valeur d'une valeur n'est pas un absolu puisqu'elle dépend de ses évaluateurs), de sorte que plus les principes reculent, plus les valeurs tendent à s'exhiber et à se combattre, ce qui engendre à la fois une certaine confusion et une certaine indétermination.

C'est pourquoi les décisions en matière de technosciences sont devenues si difficiles à prendre. Elles le sont d'autant plus que nous avons compris de surcroît que nous ne pouvons pas connaître à l'avance toutes les conséquences de nos actes : « L'homme sait assez souvent ce qu'il fait », avertissait Paul Valéry, « mais il ne sait jamais ce que fait ce qu'il fait. » D'où une sorte de réflexe collectif qui nous conduit désormais à valoriser l'incertitude comme défiance à l'égard de ce que l'on sait, et aussi de ce que l'on fait.

> *« Nous ne pouvons pas savoir grâce à nos seules connaissances scientifiques ce que nous devons faire d'elles. »*

Les vacillements de l'idée de progrès

Il est devenu banal de dire que notre rapport au progrès a changé. On en parle désormais comme on parle du Tour de France : on dit que « le progrès, c'était mieux avant », comme on dit que « le Tour de France, c'était mieux avant », sauf que s'agissant du progrès, la phrase est autocontradictoire : car si progrès il y a eu, cela ne devrait pas pouvoir avoir été mieux avant…

L'idée de progrès est une idée qui faisait aimer le temps historique. Elle était

« doublement consolante et sacrificielle », comme l'a écrit Kant (cette fois, je suis sûr que la phrase est bien de lui). Consolante parce qu'en fondant l'espoir d'une amélioration future des conditions de vie, elle rendait l'histoire humainement supportable (même si ce n'est qu'une heureuse coïncidence, *l'idée de progrès* a pour anagramme *le degré d'espoir...*). En faisant miroiter loin sur la ligne du temps une uchronie crédible et attractive, elle faisait qu'on se retroussait les manches et, surtout, elle donnait l'envie d'avancer *ensemble.* Et consolante aussi par le fait qu'elle donnait un sens aux sacrifices qu'elle imposait : au nom d'une certaine idée de l'avenir, le genre humain était sommé de travailler à un progrès dont l'individu ne ferait pas lui-même l'expérience puisqu'il n'était qu'un petit maillon de l'interminable lignée des générations. En somme, croire au progrès, c'était accepter de sacrifier du présent personnel pour fabriquer du futur collectif.

En sommes-nous encore là ?

Pour accepter de sacrifier du présent personnel au nom d'un futur collectif, il faut un rattachement symbolique au monde, à son histoire, à son avenir. Ce rattachement fut longtemps perspectiviste. Il ne l'est plus. Nous avons perdu en profondeur temporelle. Le présent est désormais « sans épaisseur ». Nos rattachements sont plus horizontaux, plus fluides, plus réversibles. C'est d'ailleurs le réseau des télécommunications qui incarne le mieux ce nouveau rapport au temps : les nœuds qui le constituent ne sont que des nœuds de passage qui ne nécessitent aucune direction, ni aucune finalité. Se trouvent ainsi abolies toute idée de récit et même toute idée de filiation, qui, jusqu'à présent, étaient seules capables de donner du sens au collectif et au politique. En fait, le récit parvenait à vaincre l'aporie du temps en « inventant une histoire ». Le temps mondial, lui, veut la vaincre en arasant le temps historique. Du coup, le futur s'absente progressivement du présent, comme si l'urgence et « la Crise », la Crise avec un grand C, la crise transcendantale, avaient partout répudié l'avenir comme promesse. Nous entrons dans le règne d'un « présent omniprésent », d'un présent limité à lui-même, qui absorbe en quelque sorte le passé aussi bien qu'il annule les perspectives d'avenir.

> *« Croire au progrès, c'était accepter de sacrifier du présent personnel pour fabriquer du futur collectif. »*

Il y a donc urgence à reconstruire un horizon. Un horizon pour 2050, par exemple, ce serait un bon début. Mais comment faire ? Comment est-ce que cela se reconstruit, un horizon ? Avec quel genre de truelle ?

Le retournement des poussettes

Pour commencer, je voudrais apporter au débat un élément de réflexion, en apparence prosaïque, qui n'en constitue pas moins un événement historique en général passé sous silence, presque comme s'il n'avait jamais eu lieu. Heureusement, il a fini par être finement analysé par le mathématicien Olivier Rey dans son ouvrage *Une folle solitude; le fantasme de l'homme auto-construit*[1].

Il y a quelques décennies, en effet, s'est produit un événement très important : le retournement des poussettes. Auparavant, l'enfant était transporté dans un face-à-face rassurant qui le plaçait dans un rapport affectif permettant sourires, grimaces, gestes de tendresse ou de menace, échange de paroles avec la personne qui le poussait, en général sa mère. Désormais, l'enfant est face au vide, son regard ne rencontre que des passants anonymes, il est laissé à sa solitude, « ouvert sur le monde », disent ceux qui veulent louer cette pratique, et non plus prisonnier du cercle familial, mais en réalité livré à l'inconnu, qui, comme chacun sait, est source potentielle d'angoisse.

Ce renversement spatial est typique d'un nouveau rapport au temps, à soi, aux autres. L'enfant n'a plus d'autre horizon qu'un présent

1. Olivier Rey, *Une folle solitude; le fantasme de l'homme auto-construit*, Paris, Seuil, 2006.

informe, et donc troublant. Olivier Rey défend l'idée que ce sont la démocratie et la science qui ont contribué à ce retournement des poussettes, l'une et l'autre privilégiant un sujet libéré du poids du passé, des entraves traditionnelles, un sujet regardant d'emblée vers l'avant. Il retrace au passage la longue histoire de l'émancipation de l'individu, partant du présent pour remonter vers l'élan de l'idéal démocratique et du projet scientifique et technique, avant d'en revenir à l'apogée de la technoscience où nous sommes aujourd'hui : celle de l'individu condamné à s'inventer à partir de ses propres forces, et par là même plombé de solitude et tourmenté d'angoisse.

Georges Clemenceau fit un jour remarquer qu'un discours de Jaurès se reconnaissait à ce que tous ses verbes étaient au futur. Mais Jaurès est mort, assassiné, et peut-être avec lui une certaine façon de conjuguer les verbes. Aujourd'hui, lorsque nous lisons les journaux, les pages web, ou que nous regardons la télévision, nous constatons qu'on ne nous parle que du présent, comme si le futur s'était absenté de nos représentations, comme si l'urgence avait partout répudié l'avenir comme promesse. Déconnecté de ce présent devenu omniprésent, de ce présent limité à lui-même, le monde de demain est laissé en jachère intellectuelle, en déshérence libidinale, dans une sorte de trou symbolique. Or, ainsi qu'on avait pu le dire de la nature elle-même, le futur a horreur du vide. Il se laisse donc investir par toutes sortes de hantises. Victime de notre vacuité projective autant que de notre sevrage prophétique, il est devenu très difficile à envisager, à dévisager.

L'an 2000 était configuré à l'avance. 2050 ne l'est pas. Nous nous retrouvons donc comme enfermés : nul d'entre nous ne rêve de retourner dans le passé, et nul n'est pressé d'aller dans le futur…

Outre le retournement des poussettes, on peut trouver au moins deux causes profondes à cette situation. La première est que nous sommes orphelins des philosophies de l'histoire, ainsi que Régis Debray est parvenu à le dire en une phrase :

> Les prémodernes regardaient par-dessus leur épaule un âge d'or inventé mais perdu. Les modernes regardaient devant eux, vers un soleil en souffrance. Nous, post-modernes, nous courons sur un tapis roulant les yeux bandés, après le scoop du jour[1].

Le scoop du jour… Ce qui amène tout droit à la seconde cause : nous sommes piégés dans un flux qui nous submerge, ensevelis sous des informations auxquelles les médias accordent une consistance parfois artificielle,

---

1. Régis Debray, *L'angle mort*, Paris, Cerf, 2018, p. 63.

fatigués par leur rythme effréné. Paul Valéry, en son temps, déjà, parlait d'une « intoxication par la hâte ». En conséquence, nous ne parvenons plus à lire l'avenir dans le présent, à penser ce qui va survenir en prolongement de ce qui est. Enfermés dans l'absorption du *hic et nunc*, nous avons perdu les moyens de discerner quel paysage général est aujourd'hui en train d'émerger.

Qu'est-ce qui se construit ? Qu'est-ce qui se détruit ? Nous l'ignorons pour une grande part, mais c'est paradoxalement parce que nous avons compris quelque chose : par des boucles nouvelles et inattendues, nous allons de plus en plus dépendre de choses qui dépendent de nous. Or comment savoir ce qui va se passer si ce qui va se passer dépend en partie de ce que nous allons faire ? Nous sommes désormais conscients que nous grignotons de plus en plus avidement le fruit terrestre qui nous porte, mais nous ne savons pas comment enrayer cette mauvaise tendance. Alors, nous pressentons que cet avenir même que nous sommes en train d'anticiper par nos actions et nos choix pourrait se révéler radicalement autre, et au fond de nous-mêmes, nous le craignons[1].

---

1. En novembre 2018, une vaste étude de la Fondation Bertelsmann portant sur cinq pays européens (France, Italie, Allemagne, Espagne et Pologne) révélait que 67 % des sondés préféreraient vivre dans le passé.

> *« Comment savoir ce qui va se passer si ce qui va se passer dépend en partie de ce que nous allons faire ? »*

Et il y a de bonnes raisons à cela. Depuis quelques décennies, nous savons que l'humanité consomme davantage de ressources renouvelables qu'il ne s'en régénère. Dès lors, sauf à jouer avec les mots, comment son développement pourrait-il devenir « durable » ? Diminution des espaces de vie, effondrement de la biodiversité, pollution des sols, de l'eau et de l'air, déforestation rapide : tous les indicateurs sont alarmants et toutes les projections sont inquiétantes.

Quand il se dit, l'avenir se dit désormais fort sombrement, comme si nous étions en route et même en déroute pour l'abîme. Du moins si l'on en croit les « collapsologues ».

Quel est le statut du futur ?

Mais quel est le statut physique du futur ? Existe-t-il déjà quelque part à attendre de devenir présent ou n'est-il encore qu'un néant absolu ?

Nous avons l'habitude de représenter le temps par une ligne formée de points analogues à ceux qui se trouvent dans l'espace. Ce faisant, nous effectuons une étrange opération, qui consiste à faire coexister – exister ensemble dans un même présent – des instants successifs qui, par définition, ne peuvent pas être tous présents… en même temps !

Baroque par essence, cette représentation du temps masque un problème redoutable : lorsqu'un instant est présent, où se trouvent les autres instants, notamment ceux du futur ? Existent-ils ailleurs, depuis la nuit des temps, attendant seulement de devenir présents l'espace d'un instant, au moment où le temps passera par eux ? Ou gisent-ils encore dans le néant, hors de toute réalité, pour ne devenir fugitivement réels qu'au moment où ils seront présents ?

La question est en somme de savoir si le futur existe ou non *déjà* quelque part. Parce qu'elle interroge le temps en usant de termes relatifs à l'espace, elle déclenche en notre esprit un gigantesque embarras, et nous n'y répondons d'ailleurs que de façon bancale, en accordant au futur une ontologie vacillante.

Dans *Le Don*, Vladimir Nabokov faisait dire à son héros Fiodor[1] :

> Notre sentiment erroné que le temps est une sorte de croissance est une conséquence de notre état limité qui, étant toujours au niveau du présent, implique sa constante remontée entre l'abîme aqueux du passé et l'abîme aérien de l'avenir.

1. Valdimir Nabokov, *Le Don*, Paris, Gallimard, 1992 [1938].

Abîme aqueux d'un côté, aérien de l'autre… Le temps semble coupé en deux, par deux sortes de pondérations que le présent démarque, sépare, oppose. Mais se pourrait-il qu'il s'agisse là, non d'une authentique réalité, mais d'un simple effet de perspective ? Qu'à rebours de nos perceptions et de ce qu'indique notre mémoire, le futur existât ni plus ni moins que le passé ?

Des physiciens ont proposé une lecture de la théorie de la relativité d'Einstein allant dans ce sens. C'est la thèse dite de « l'univers-bloc », qui invite à considérer l'espace-temps comme une structure intégralement déployée au sein de laquelle tous les événements, qu'ils soient passés, présents ou futurs, coexisteraient[1]. Ils y auraient exactement la même réalité, de la même manière que les différentes villes de France coexistent en même temps dans l'espace tout en étant situées en des lieux différents : tandis que je suis à Paris, Chamonix et Aix-en-Provence existent tout autant que la capitale, la seule différence entre ces trois villes étant que Paris accueille ma présence, alors que ce n'est le cas ni de Chamonix ni d'Aix-en-Provence, du moins au moment où j'écris ces lignes. L'espace-temps contiendrait en somme l'intégralité de l'histoire de la réalité,

1. Kurt Gödel, « The debate over the block universe », in Paul Arthur Schilpp (dir.), *Albert Einstein : Philosopher-Scientist*, Evanston (Illinois), The Library of living philosophers Inc., 1949, p. 557-562.

chaque événement passé, présent ou futur y occupant, depuis toujours et pour toujours, une place bien déterminée. L'avenir existerait donc déjà, tout comme le passé, mais ailleurs que là où nous sommes.

Cette thèse est bien sûr discutée et même controversée. On peut notamment lui opposer le « présentisme », qui considère au contraire que seuls les événements présents sont réels : ceux-ci apparaissent et disparaissent en étant remplacés par d'autres, de sorte que la réalité est toujours inédite et indécise. Il n'y aurait en somme pas d'autre réalité que l'ensemble de ce qui, présentement, a lieu : en son amont comme en son aval, le présent serait ceinturé par du néant, par du rien…

Mais en attendant que cette question du statut du futur soit tranchée, il faut bien vivre. Or vivre implique d'accorder à l'avenir un certain statut, ce qui suppose de l'investir avec des idées, des projets, des représentations, des désirs. Alors, le mieux est de concevoir une habile synthèse entre le présentisme et l'univers-bloc, de les mélanger pour donner corps à l'idée que l'avenir constitue une authentique réalité, mais qu'il n'est pas complètement configuré, pas intégralement déterminé, qu'il y a encore place pour du jeu, des espaces pour la volonté et l'invention. Bref, plutôt que de faire joujou avec le spectre de la fin du monde ou de se disloquer en une sorte d'immobilité trépidante, ne serait-il pas plus vivifiant de redynamiser le temps en force historique ? De se donner « l'occasion de creuser un nouveau trou dans le mur, pour respirer[1] » ? Au lieu d'attendre Godot, faisons le pari que l'an 2050 finira bien par atterrir dans le présent et tentons de construire, entre lui et nous, une filiation intellectuelle et aussi affective que possible.

« Progrès » et « innovation » ne sont pas synonymes

Voir loin suppose toutefois que nous nous posions collectivement les bonnes questions : Où sont les véritables déterminismes ? Quelles seront les conséquences de nos erreurs, caprices et aveuglements ? Y a-t-il des marges de manœuvre, et pour qui ?

Un fait ne nous aide guère à faire l'effort de répondre à ces questions : le mot « progrès » est de moins en moins fréquemment utilisé. Il a même quasiment disparu des discours publics, où il se trouve remplacé par le mot « innovation ». On pourrait se dire que ce remplacement n'a rien changé, au motif que ces deux mots seraient liés et, en un sens, quasi synonymes. Mais à l'examen, il apparaît que nos discours sur l'innovation se détournent radicalement de la rhétorique du progrès.

Croire au progrès, nous l'avons dit, c'était accepter de sacrifier du présent personnel au

1. Régis Debray, *L'angle mort*, 2018, *op. cit.*, p. 64.

nom d'une certaine idée, *crédible et désirable*, du futur collectif. Mais pour qu'un tel sacrifice ait un sens, il fallait un rattachement symbolique au monde et à son avenir. Est-ce parce qu'un tel rattachement fait aujourd'hui défaut que le mot progrès disparaît ou se recroqueville derrière le seul concept d'innovation, désormais à l'agenda de toutes les politiques de recherche ?

En 2010, la Commission européenne s'est fixé l'objectif de développer une « Union de l'innovation » à l'horizon 2020. Le document de référence commence par ces lignes :

> La compétitivité, l'emploi et le niveau de vie du continent européen dépendent essentiellement de sa capacité à promouvoir l'innovation, qui est également le meilleur moyen dont nous disposions pour résoudre les principaux problèmes auxquels nous sommes confrontés et qui, chaque jour, se posent de manière plus aiguë, qu'il s'agisse du changement climatique, de la pénurie d'énergie et de la raréfaction des ressources, de la santé ou du vieillissement de la population.

En somme, il faudrait innover non pour inventer un autre monde, mais pour empêcher le délitement du nôtre. C'est l'état critique du présent qui est invoqué et non une certaine configuration du futur, comme si nous n'étions plus capables d'expliciter un dessein commun qui soit à la fois crédible et attractif (quand il est l'un, il n'est pas l'autre, et réciproquement). L'argumentation s'appuie en effet sur l'idée d'un temps *corrupteur*, d'un temps qui abîme les êtres et les situations. Or une telle conception tourne le dos à l'esprit des Lumières, pour qui le temps est au contraire *constructeur* et complice de notre liberté, à la condition, bien sûr, qu'on fasse l'effort d'investir dans une certaine représentation du futur.

En 1987, le philosophe Georges Canguilhem publiait un article intitulé « La décadence de l'idée de progrès »[1]. Il y présentait la notion de progrès selon deux phases différentes. La première phase, formalisée par les philosophes français du XVIIIe siècle, s'attache à décrire un principe constant de progression potentiellement infinie. Son modèle est la linéarité et la stabilité, et son symbole est la lumière. La seconde phase apparaît lors de l'établissement, au XIXe siècle, d'une nouvelle science, la thermodynamique, associée aux phénomènes irréversibles, faisant apparaître une dégradation de l'énergie. Un principe d'épuisement vient alors remplacer le principe de conservation qui était mis en avant lors de la première phase. Son symbole devient la chaleur, d'où l'idée d'une décadence thermodynamique de la notion de progrès : la lumière se dégrade en agitation thermique.

1. Georges Canguilhem, « La décadence de l'idée de progrès », *Revue de métaphysique et de morale*, vol. 92 (4), 1987, p. 437-454.

Or croire au progrès implique en toute logique qu'on lui applique l'idée qu'il incarne. Mais alors, grâce à quel nouveau symbole pourrions-nous faire progresser *l'idée de progrès* et redonner sens à l'histoire ?

Remerciements

(par ordre alphabétique)

Ce livre a été rendu possible grâce au soutien de :

Bruno Dranesas, directeur des stratégies éditoriales, Elephant At Work

Benjamin Perret, président d'Entreprises & Médias et du conseil d'administration d'Entreprises & Médias

Thomas Raguet, réalisateur du documentaire *Peut-on encore croire au progrès ?*

Alexandre Télinge, délégué général d'Entreprises & Médias

Hervé du Verne, président d'Elephant At Work

Table des matières

Peut-on encore croire au progrès ?

La collection *Monde en cours*
est dirigée par Jean Viard

Cet ouvrage a été édité
avec la collaboration de Mathieu Souquière

Le 17 novembre 2022, dans le Grand Amphithéâtre de la Sorbonne, « Les Rencontres d'Entreprises & Médias » rassemblaient dirigeants d'entreprise, économistes, experts académiques, sociologues et philosophes autour d'une question clé : « Peut-on encore croire au progrès ? »

Les propos de ce livre sont tirés de leurs échanges ainsi que des interviews du documentaire *Peut-on encore croire au progrès ?* diffusé ce même jour et réalisé par Elephant At Work en collaboration avec Entreprises & Médias, l'association des directrices et des directeurs de la communication de grandes entreprises.

www.editionsdelaube.com

ISBN 978-2-8159-5528-7

Peut-on encore croire au progrès ?

Nicolas Bouzou
Cynthia Fleury
Étienne Klein
Karine Safa
Claudia Senik
Pierre-Henri Tavoillot
Jean Viard

éditions de l'aube

Progrès : la fin d'une idéologie ?

Jean Viard[1]

Le progrès ? Disons que c'est une vision du monde où le présent devient plus important que le passé et fait espérer en l'avenir. Vision de la vie qui pousse à la création, à l'innovation, à l'éducation, à la natalité. Vision qui a porté nos sociétés depuis deux siècles, depuis la révolution industrielle. Vision qui dit que l'histoire a un sens et que la vie s'améliore de génération en génération. Vision que partageaient nos parents et nos grands-parents de tous les milieux, même s'ils se disputaient le partage des « fruits du progrès ». Bien sûr. Là était le débat, là était le combat. D'où une dynamique des sociétés marquée par l'affrontement de classes sociales renvoyant à l'opposition capital/travail, patrons/ouvriers.

---

1. Jean Viard est sociologue. Il a publié récemment *La révolution que l'on attendait est arrivée* (2021) et *Un juste regard; se souvenir pour changer le monde* (2023), aux éditions de l'Aube.

La vérité n'est plus alors dans le passé, les anciens, les textes fondateurs. Mais dans la science et les arts, l'innovation, la technique, la découverte...

> *« Le progrès ? Disons que c'est une vision du monde où le présent devient plus important que le passé et fait espérer en l'avenir. »*

Cette idée, qui suivit la rupture radicale de 1789 où la tradition fut rejetée – en France, mais aussi aux USA à la même époque, d'une autre manière –, puis la révolution industrielle anglaise, ouvre à un monde en mouvement sous l'impulsion du développement scientifique, technologique et industriel, en pensant et en désirant pouvoir sans cesse aller plus vite, plus haut, plus loin, vivre plus longtemps... Au xxe siècle, nous avons gagné en France encore plus de deux cent mille heures de vie, passant des cinq cent mille heures du début aux sept cent mille heures de la fin – plus, aujourd'hui. Et neuf ans pour les hommes et six ans pour les femmes depuis 1981... Progrès considérable de l'humain sur sa propre condition.

Mais, problème, cette conception du progrès où l'homme est « comme maître et possesseur de la nature », ainsi que disait Descartes, a eu des conséquences terribles sur la nature. Au xixe siècle les romantiques nous avaient prévenus sans être écoutés. René Dumont encore,

lors de l'élection présidentielle de 1974. Mais la France, pays d'ingénieurs, n'entendait pas. Et le monde poursuivait sa course sans limites au développement. Les lanceurs d'alerte se sont alors multipliés, associations, ONG, écologistes. Jusqu'à la COP 21, dont nous fûmes fiers, car elle était… en France. Mais lenteur des actes. Mais comment garder, des progrès, ceux qui améliorent l'humaine condition ou qui limitent sa prédation sur la nature à ce qui lui est supportable, sans pour autant faire du nouveau une valeur en soi, du plus grand, du plus fort, du plus rapide, un éternel positif? Comment marcher à pied, voler moins vite, rouler dans des véhicules plus légers, manger moins de viande, peuvent-ils être des changements culturels désirables pour un monde qui continue à croire à la science, à la technologie, à l'innovation, au travail… et à la folie créatrice de l'humaine condition ?

> ***« Comment garder, des progrès, ceux qui améliorent l'humaine condition ou qui limitent sa prédation sur la nature à ce qui lui est supportable, sans pour autant faire du nouveau une valeur en soi, du plus grand, du plus fort, du plus rapide, un éternel positif ? »***

La crise sanitaire, de ce point de vue, nous a fait accomplir un saut imaginaire majeur. D'abord en nous montrant que, pangolin ou

pas pangolin, la pandémie relevait d'un dérèglement des écosystèmes et que, désormais, santé et environnement auraient partie indissociablement liée. Nous avons (presque) gagné cette bataille contre le Covid-19 en alliant innovation – le vaccin – à des modifications de nos modes de vie : masques, limitation des déplacements, restauration de l'usage des frontières, retour au local, usage massif d'internet pour les relations humaines, le travail, la commande de biens et de services, la culture – le sport, même.

Ensuite, en rassemblant l'humanité dans une même communauté de destin : cinq milliards d'êtres humains au moins ont été confinés chez eux et confrontés au même ennemi, en même temps, partout sur la planète. Et ces cinq milliards d'êtres humains, engagés dans la même bataille, le sachant, connectés en continu par le Net et les médias, ont su faire de cette tragédie une grande victoire de l'humanité sur la mort : d'après les premières études, l'évolution de nos comportements a permis d'épargner deux cents millions à trois cents millions de personnes et, grâce à un vaccin inventé en un temps record, vingt millions à trente millions de personnes en plus. Malgré les délires complotistes, les antivax et les discours farfelus, on a remis la science au milieu de la société et on a tous – ou presque tous – fait preuve de discipline, de civisme et de solidarité à l'égard des plus vulnérables. En un an, on a administré

11,2 milliards de piqûres sur toute la terre. Cela n'était jamais arrivé dans l'histoire de l'humanité. Un siècle tout juste après la terrible grippe espagnole. À la fin, plus de 60 % de la population mondiale est vaccinée, mais beaucoup moins en Afrique, où la moyenne atteint péniblement 20 %. Les batailles actuelles en Afrique contre la France et l'Occident sortent renforcées de cette inégalité inadmissible.

Face à l'idéologie du progrès qui, s'effondrant d'année en année, cédait la place à des quêtes identitaires et aux populismes, avec le covid, un nouveau et immense commun s'est créé, nous confrontant tous à la peur de la mort – la nôtre et celle de nos proches – et de la dislocation de la nature dont nous nous sommes « toujours » nourris. L'accélération du réchauffement climatique et de la destruction de nombreuses espèces a renforcé la prise de conscience planétaire que la prédation humaine sur la nature n'était pas sans limites. Même si elle a permis à l'humanité de prendre en main son propre destin, de démultiplier son espérance de vie et… de marcher sur la Lune ! Alors, la quête d'un incessant progrès qui fut le commun de l'humanité depuis deux siècles et qui s'étiolait trouve là un nouveau commun à partager et à proposer à nos descendants : la guerre climatique. Telle est donc notre nouveau commun, notre nécessité et notre aventure pour le XXIe siècle. Il va falloir en faire un désir pour nous-mêmes, nos enfants et les autres humains.

Sauf que, maintenant, ce ne sont plus les hommes qui vont faire l'histoire, mais l'emballement déréglé d'une nature que nous avons bousculée. Nous devons courir après les conséquences de nos propres actes. Et pour ce faire, bouleverser nos sociétés, modifier nos modes de vie, déplacer nos budgets, transformer nos sources d'énergie et investir dans la recherche, la science et la technologie. Tout cela en même temps. On estime que la France doit consacrer 6 % de son PIB d'ici 2030 à ce combat, 700 milliards, alors que nous ne sommes qu'à 2 %, moitié public, moitié privé. Mais à la condition extrême, qu'analyse fort bien Pierre Veltz[1], que chaque offre d'innovation écologique ne soit pas annihilée par une explosion de la demande qui, au final, augmenterait la pression humaine sur la nature. Voiture électrique oui, mais pas si on roule plus !

> ***« Maintenant, ce ne sont plus les hommes qui vont faire l'histoire, mais l'emballement déréglé d'une nature que nous avons bousculée. »***

Chacun, et le monde ensemble, est renvoyé, une fois le virus maîtrisé, comme après un cancer vaincu, à cette question existentielle :

1. Pierre Veltz, *Bifurcations*, La Tour-d'Aigues, l'Aube, 2022

que faire du temps qu'il nous/me reste ? Recommencer comme avant, avec les mêmes amours, les mêmes lieux, le même travail, les mêmes engagements ?... Est-ce que je reste avec la même femme ou le même mari, dans la même ville, avec le même métier, le même cartable, ou est-ce le moment pour moi de faire autre chose, autrement, avec d'autres personnes ? Réaliser ces rêves qui me taraudent depuis longtemps, réévaluer ma vie à l'aune du confinement ? Partout, la réponse est changement et rupture. Quarante-huit millions d'Américains – sur cent cinquante millions – ont quitté leur travail. Dix pour cent des habitants de Wuhan ont divorcé. En France, un million de couples se sont séparés, deux voire trois millions de personnes ont changé de travail, de lieu d'habitation, délaissant souvent les grandes métropoles, surtout l'Île-de-France (64 % des Franciliens en rêvent). Précisément au moment où la Nature prend sa revanche sur l'Homme et où chacun rêve d'y habiter. Le covid a fonctionné comme un accélérateur de tendances remettant en cause nos choix, bouleversant le travail et les territoires. Partout, la qualité de vie, y compris au travail, devient une force dominante.

> *« Partout, la réponse est changement et rupture. »*

Le confinement, que personne n'aurait cru pensable quelques semaines seulement avant qu'il ne nous soit imposé, aura consisté à mettre l'économie mondiale sur pause, à placer la vie avant l'économie, à prouver que l'art de vivre est plus important que l'art de produire. D'ailleurs, la qualité de vie au travail est devenue une préoccupation centrale depuis déjà un certain temps. C'est ce qui fait que tant d'entre nous quittent leur entreprise s'ils ne s'y sentent pas assez bien, créent la leur pour disposer de davantage de liberté, désertent la ville puisque le télétravail le permet désormais. C'est une révolution profonde pour le monde du travail, organisationnelle et culturelle. Seulement un quart des gens qui sont partis des grandes villes sont en télétravail. Des centaines de milliers d'autres ont créé leur entreprise, librairie, ébénisterie, services divers – dont numériques –, petits commerces de proximité, tiers-lieux..., mais d'abord la liberté et l'autonomie ! Un jardin, moins de bruit, un chien... Cela achève la culture fordiste, l'organisation répétitive et l'ordre hiérarchique. Grâce au numérique, l'horizontalité s'invite dans le monde du travail, jusqu'alors régi par une verticalité anachronique. Même le conformisme vestimentaire a reculé puisqu'on peut aujourd'hui être habillé de la même façon les jours de travail et le week-end. Le costume cravate n'est plus porté que par les financiers et les politiques. Ces bouleversements accélérés par la pandémie nous ont démontré que nous

pouvions changer de mode de vie, de lieu, de travail, d'objectifs, rapidement. Utile leçon, même si nous ne voulons pas être enfermés pendant trente ans !

Tout cela a été rendu possible par la place prise par le numérique, devenu le lien premier entre les hommes. S'il nous isole parfois, il nous relie surtout les uns aux autres. C'est une rupture essentielle, car jusqu'alors, depuis la Deuxième Guerre mondiale en tout cas, le lien entre les hommes, c'était le pétrole, au cœur du système productif et de notre organisation collective. Maintenant, ce que le monde a en partage, c'est Zoom, Skype, les mails et les smartphones. Grâce à tous ces outils, ce n'est pas seulement le télétravail qui a été possible pendant la pandémie, c'est aussi l'école à distance, le sport ou la culture en ligne, la télémédecine, ainsi que la cohésion familiale, avec des liens maintenus entre les générations pendant ces semaines d'enfermement et d'éloignement. Il y a aujourd'hui moins de monde dans les cinémas et les théâtres, et même si on a raison de s'en inquiéter, il faut aussi se réjouir de voir le numérique faire entrer la culture chez les gens, devenus consommateurs de séries, de films, de documentaires et de musique, de débats d'idée, chez eux et au quotidien. Dans un pays où 60 % de la population habitent dans des maisons avec jardin, à l'extérieur des métropoles, la culture ne peut pas se penser uniquement au centre des villes dans des lieux physiques.

Le numérique permet ainsi d'investir ou de réinvestir de nouveaux espaces. L'objectif n'est plus la modernité, mais l'esprit des lieux, considérés comme authentiques, combiné à la technologie numérique. Ainsi se développe un modèle de néo-urbains qui peuvent conjuguer les avantages de la vie à la campagne avec certains attraits de la vie urbaine, importés à la maison grâce au numérique et aux livraisons d'Amazon ou d'autres. Nous sommes devenus des urbains numériques, si possible avec des fenêtres donnant sur la campagne ou la nature – ou le patrimoine architectural. Un nouveau modèle se met ainsi en place après celui de la France pavillonnaire articulée autour de ses soixante-trois mille ronds-points – alors que l'Allemagne n'en compte que cinq mille – et de ses interminables zones commerciales qui ont tant défiguré les abords des villes. On avait conçu le progrès sans la nature, et même contre cette dernière ; il faut désormais le repenser avec celle-ci, comme un moment d'une société en guerre climatique.

« On avait conçu le progrès sans la nature, et même contre cette dernière ; il faut désormais le repenser avec celle-ci, comme un moment d'une société en guerre climatique. »

Enfin, peut-être même nous fera-t-elle progresser, de façon inattendue, sur un autre

sujet : a-t-on bien en tête que l'ARN messager a été découvert par deux immigrés turcs réfugiés en Allemagne ? Découverte décisive pour peut-être soigner, demain, le cancer ou le sida. Ce qui rappelle l'apport de l'immigration, y compris aux pays développés. C'est dire si l'on progresse par l'ouverture, le mouvement et la rencontre, là où, au contraire, les sociétés fermées sont bien davantage exposées au risque de régression par la passion pour un passé souvent mythifié – pensons à l'Afghanistan, à l'Iran, à la Russie… Le passé n'est pas l'avenir du monde. Faut-il voir comme une alerte le fait que la France, qui succombe de plus en plus à la tentation de la fermeture, est le seul pays membre du Conseil de sécurité de l'ONU à ne pas avoir su inventer un vaccin dans des délais raisonnables ? Nous avons besoin de « cerveaux rares », d'où qu'ils viennent, en leur promettant éducation, liberté, démocratie, respect et une Europe écologique. Les Américains du Nord l'ont compris depuis longtemps.

« Le passé n'est pas l'avenir du monde. »

Les migrations sont ainsi synonymes de mouvement dans la société, d'une mobilité géographique et culturelle qui permet une mobilité sociale et culturelle. Souvenons-nous que l'homme a, jusqu'aux années 1950 en

France, inscrit son existence dans un rayon de cinq kilomètres autour de chez lui alors que nous en accomplissons en moyenne soixante par jour aujourd'hui, et même quatre-vingts aux États-Unis. Nous avions donc pensé notre liberté comme une possibilité de s'éloigner, de nous affranchir de la proximité – et de l'entre-soi dont elle est synonyme –, et nous sommes en train de redécouvrir les joies et les vertus du « local ». Mais attention, cette proximité réhabilitée doit demeurer une proximité ouverte – ce que permet justement le numérique –, et non devenir une proximité fermée, excluante de tout ce qui se situe à l'extérieur, au loin. La proximité fermée, c'est, si j'ose dire, Poutine et le retour d'un hypernationalisme.

Les recherches de nouveaux modes de vie ne sont que les traces matérielles et individuelles d'un nouveau commun dorénavant partagé : un humain dans la nature, membre à part entière du monde animal, et lancé dans l'héroïque combat de restaurer les équilibres naturels abîmés. Elles renvoient aux corons et aux logements ouvriers autour des immenses usines du monde d'hier qui hébergeaient les enfants des campagnes cherchant la société du progrès et de la liberté en ville. « La ville rend libre », disait Georges Duby. Nous, nous restons des urbains, mais renaturés, légèrement culpabilisés, aussi, comme on peut l'être quand on pense à la période coloniale. La grande pandémie fut ainsi une tragédie créatrice qui

augmente nos chances de gagner la bataille climatique et écologique. Car nous sommes massivement entrés dans ce combat.

Ce faisant, des progrès restent indispensables pour surmonter les deux peurs – dont la première, contrairement à la seconde, fantasmatique, constitue bien une menace – qui nous taraudent aujourd'hui : le « grand effondrement », lié à la crise climatique, et le « grand remplacement », lié à une prétendue invasion migratoire. Mais pour surmonter ces peurs, ne cassons pas systématiquement ce qui est joyeux, ce qui nous donne du plaisir et du rêve. On dénonce en permanence la pollution née de l'industrie du divertissement, du sport ou du tourisme, mais disons-le : les vacances, c'est génial, la Coupe du monde de foot, c'est génial. Cela aurait été encore plus génial ailleurs qu'au Qatar, mais ne boudons pas ces temps de rêverie et d'émotions collectives. Ne nous trompons pas de bataille si nous voulons gagner la guerre climatique. Immense défi pour la démocratie, qui va devoir faire la démonstration qu'elle est assez agile, assez rapide et efficace pour encadrer ce changement de modèle. Car notre culture serait bel et bien morte si nous ne parvenions pas à sauvegarder ces deux biens communs essentiels que sont la planète et la démocratie. Le risque est le repli sur un passé même très ancien, l'obsession d'un mode de vie dépassé en réaction apeurée à un avenir dangereux et potentiellement mortel. Comme la grande pandémie nous

l'a montré, c'est l'alliance de l'innovation et du repli qui permet de gagner les batailles de notre époque, celle du virus comme celle du réchauffement climatique. Mais nous avons changé de commun, nous sommes en position de défense, ne nous trompons pas d'époque. L'alliance du numérique et de l'écologie est notre avenir pour cette bataille-là.

« La ligne de fracture entre ceux qui pensent que c'était mieux avant et ceux qui sont convaincus du contraire imprègne encore tous nos débats d'aujourd'hui. »

Pierre-Henri Tavoillot[1]

Parlons du progrès et du moment où cette notion est apparue.

Rappelons d'abord que le progrès n'a rien d'une évidence. Certaines sociétés ont au contraire été des sociétés « anti-progrès ». Ainsi en va-t-il des sociétés traditionnelles aux yeux desquelles le passé est la source du sens. Pour ces dernières, l'innovation est un péché capital, l'héritage et l'imitation étant bien davantage valorisés. L'humanité a vécu sous ce régime des sociétés traditionnelles pendant la majeure partie de son histoire, ne voyant

1. Pierre-Henri Tavoillot est philosophe. Il a publié récemment *La Morale de cette histoire ; guide éthique pour temps incertains*, Paris, Michel Lafon, 2020.

émerger l'idée de progrès que fort récemment : demain sera mieux qu'hier.

Le progrès, c'est cela : demain sera différent et demain sera mieux ?

Oui, avec une figure centrale de l'inventeur. Longtemps considéré comme celui qui va troubler l'ordre public, il devient celui grâce auquel la société connaît justement des changements positifs. L'humanité a pendant longtemps dépensé énormément d'énergie à bloquer l'innovation, considérant qu'elle était source de désordre. La rupture et l'avènement de l'idée de progrès correspondent au passage d'une histoire cyclique, pensée comme un perpétuel recommencement, à une histoire linéaire. Les religions, en inventant le salut comme horizon, ont ainsi eu leur importance.

Mais le progrès s'est beaucoup pensé et construit contre la religion, justement ?

C'est vrai, car l'histoire du progrès est en réalité complexe. L'idéal de salut a joué, par exemple dans l'idée d'un Nouveau Testament ou de l'islam comme « sceau de la prophétie », mais la critique des religions, de leurs dogmes et de leurs superstitions, au nom du progrès, a également joué un rôle décisif dans la consolidation du concept de progrès. Ainsi une autre religion, celle de la raison, des sciences et des

techniques, a émergé, en opposition avec celles qui précédaient. La raison en lieu et place de la superstition, comme promesse de liberté et, même, de bonheur. C'est ainsi que les Lumières ont façonné l'idée de progrès.

> ***« L'humanité a pendant longtemps dépensé énormément d'énergie à bloquer l'innovation, considérant qu'elle était source de désordre. La rupture et l'avènement de l'idée de progrès correspondent au passage d'une histoire cyclique, pensée comme un perpétuel recommencement, à une histoire linéaire. »***

Donc les germes apparaissent avec la Renaissance, et la véritable éclosion du progrès est l'œuvre des Lumières ?

En effet, la notion de progrès est indissociable des Lumières, portées par la conviction que la condition humaine va pouvoir s'améliorer. Le salut n'est plus céleste, il devient terrestre, l'homme devenant un acteur de ce progrès. Ce dernier ne tombe plus du ciel, c'est l'humanité, sur ses ressources propres, qui œuvre à l'amélioration de sa condition. Avec une double acception du progrès, à la fois scientifique et politique. On touche là à l'idée révolutionnaire d'une césure entre un Ancien Régime fait d'obscurantisme et de contraintes et un nouveau régime synonyme de liberté et de bonheur. « Le

bonheur, une idée neuve en Europe », disait Saint-Just. Sur le plan économique, c'est très intéressant également parce que, paradoxalement, l'idée de révolution est partagée par le marxisme et par le capitalisme. Car ce dernier a besoin d'innovation permanente, il vante le progrès parce qu'il vit du progrès, qu'il thésaurise sur le progrès. Il transforme nos besoins en désirs et nos désirs en besoins. Nos besoins vitaux se raffinent et nos rêves (l'iPhone !) se transforment en exigence indispensable. Le capitalisme, comme l'a bien montré Marx, révolutionne en permanence nos modes de vie, nos modes de production, en même temps que nos modes de consommation.

Toujours une nouvelle promesse…

Toujours une nouvelle promesse, dans une logique purement addictive. Il faut ainsi constamment augmenter les doses et rapprocher les prises. C'est la promesse de la société de consommation : le bonheur lié à l'achat d'un nouveau produit.

Le progrès, est-ce une aspiration ?

Le progrès, c'est un désir et ça peut devenir une certitude. Un désir parce que nous avons tous l'envie de progresser, d'être un peu « meilleurs », idée que l'on projette aussi sur nos enfants, qu'on veut voir grandir et

Pour limiter l'empreinte environnementale
de leurs livres, les éditions de l'Aube
font le choix de papiers issus de forêts
durablement gérées et de sources contrôlées.

Achevé d'imprimer en juin 2023
sur les presses de l'imprimerie Laballery
pour le compte des éditions de l'Aube
331, rue Amédée-Giniès, F-84240 La Tour-d'Aigues

Numéro d'édition : 5529
Dépôt légal : juin 2023
N° d'impression : 305180

Imprimé en France